Denise Seidl

Mit Katzen leben

Richtig pflegen, füttern und beschäftigen

KOSMOS

Dankbar können wir den Katzen sein, dass sie uns Menschen als Partner angenommen haben, um unser Leben auf wunderbare Weise zu verschönern, denn

„Die Schöne bleibt sich selig; die Anmut macht unwiderstehlich."
Johann Wolfgang von Goethe

Mag. med. vet. Katharina Kronsteiner

Zu diesem Buch

Wenn man sich heute zu einem Leben mit einer Katze entscheidet, ist es sicherlich nicht mehr, um sie auf dem Heuboden zum Mäusejagen einzusetzen. Sie ist zum Familienmitglied, zu einem lieben Partner geworden – sie ist Beziehung. Sie wird schnell zu unserem Lebensbegleiter durch Freude, Glück, Schmerz und Trauer. Sie ist einfach da, wann immer wir erschöpft nach Hause kommen und uns auf unser („ihr") Sofa fallen lassen.
Erwartungsvoll schleicht sie auf leisen Pfoten an, um mit einem sicheren Sprung auf unseren Beinen zu landen und sich anschmiegsam niederzulassen. Sie wärmt uns und schnurrt: Die Ruhe, die sie ausstrahlt, lässt uns schnell den Alltagsstress vergessen. Kaum ein Meditations- und Entspannungsseminar vermag dies auf so einzigartige Weise zu vollbringen.

Der Beginn einer neuen Beziehung ist jedoch auch immer mit Unsicherheit verbunden. Wir müssen uns vielen Fragen und Anforderungen stellen, wenn wir eine Katze aufnehmen.
Denise Seidl versteht es mit ihrem Buch, unser Selbstbewusstsein im Umgang mit den samtpfotigen Gefährten von Anfang an zu stärken. Durch das Leben unserer Katze, von früher Jugend bis ins hohe Alter, werden wir von der Autorin mit praktischen und hilfreichen Tipps begleitet. Doch Beziehung kann auch Spiel sein – Anleitungen für vielfältige und spannende Möglichkeiten zur sinnvollen Beschäftigung werden uns gegeben. Haben wir mit unserem Partner hie und da Probleme, liegt es meistens an der fehlerhaften Kommunikation. Die Autorin versucht, auf wahrlich bildhafte Weise die Sprache der Katzen zu „übersetzen". Dankbar können wir ihre Erklärungen annehmen: Vieles wird plötzlich klarer und verständlicher, wir können verstehen und keine Krise scheint unlösbar.
Das Buch von Denise Seidl ist ein Wegbegleiter durch die Höhen und Tiefen einer einzigartigen Partnerschaft.
Es ist ein Nachschlagewerk, ein Ratgeber, der in keinem Katzenhaushalt fehlen sollte.

Dr. med. vet. Silvia Leugner

Viel Spaß beim Lesen
wünschen Ihnen

Mag. med. vet. Katharina Kronsteiner
und Dr. med. vet. Silvia Leugner
Fachtierärztin für Ernährung und Diätetik

Von Menschen und Katzen

Einst wurde sie vergöttert und auch gehasst, heute wird sie geliebt und ist zum Familienmitglied geworden: die Katze. Ein Leben ohne Samtpfoten ist für viele Menschen nicht mehr vorstellbar.

Die Geschichte der Katze

Ein außergewöhnliches Tier mit einem einzigartigen Wesen und eine ungewöhnliche Geschichte im Laufe der gemeinsamen Vergangenheit mit dem Menschen: Katzen haben uns seit jeher in ihren Bann gezogen. Sie wurden vergöttert und geliebt, aber auch gehasst und verfolgt. Kein anderes Tier vermochte so viel Begeisterung, Hass oder Bewunderung hervorzurufen wie die Katze. Unergründlich und geheimnisvoll wirkt sie zuweilen, nicht immer vorhersehbar ihre Verhaltensweisen. Gerade die Einzigartigkeit und Unabhängigkeit der Katze begeistert die Menschen. Ein Raubtier, das den Menschen als Sozialpartner auserwählt, und dennoch seine Unabhängigkeit bewahrt hat.

Problemlos kehrt die Katze in ihre ursprüngliche Wildheit zurück und nimmt ihr Leben als Jägerin auf, wenn sie der menschlichen Fürsorge entzogen wird.

Kultstatus in Ägypten

Die lange Geschichte der wechselvollen Beziehung zwischen Katzen und Menschen beginnt im alten Ägypten, wo Katzen als Gottheiten verehrt wurden. Die Katzengöttin Bastet, die auch unter dem Namen Bubastis und Pascht bekannt ist, stand für die freundliche und fruchtbar machende Wärme, die wilde Kriegsgöttin Sachmet, die mit einem Katzen- oder Löwenkopf dargestellt wurde, für die zerstörerische Kraft der Sonne. Aber auch die Katzen, die mit den damaligen Menschen lebten, genossen einen besonderen Status. Starb die Katze einer Familie, rasierten sich die Familienmitglieder zum Zeichen der Trauer die Augenbrauen. Viele Katzen wurden einbalsamiert und auf Katzenfriedhöfen begraben. Der gewaltsame Tod einer Katze wurde mit der Todesstrafe geahndet und der Export von Katzen verboten. Nichtsdestotrotz fand eine Ausbreitung der Katzen über Kreta nach Süditalien und damit in das Römische Reich statt.

Katzen suchen unsere Nähe und bewahren dennoch ihre Unabhängigkeit.

Abstieg und Aufstieg

Im Mittelalter begann die Verfolgung der Katzen durch Vertreter der christlichen Kirche, da Katzen als Verbündete des Bösen angesehen wurden.

Ihre Beliebtheit erlangte die Katze erst wieder im 17. und 18. Jahrhundert zurück, als sich die Ratten, die Überträger der Pest waren, rasant vermehrten. Die Menschen waren nun auf die Unterstützung der vierbeinigen Jägerin angewiesen, um die Rattenpopulation einzudämmen.

Seefahrer

In der Neuzeit fuhr die Katze zur See: Als Schiffskatze wurde sie in alle Kontinente mitgenommen und sollte dafür sorgen, dass sich die Mäuse und Ratten an Bord nicht über den Proviant hermachten. Dadurch verbreitete sie sich weltweit. Die Katze hat ihren Siegeszug im menschlichen Leben angetreten.

Anschluss an den Menschen

Die Ursache der Domestikation ist umstritten. Tatsache ist, dass Katzen die menschlichen Siedlungen aufsuchten und vom Überangebot an Nagetieren profitierten, die durch die Getreidespeicher der alten Ägypter angezogen wurden. Aus einem Zweckbündnis entstand eine Beziehung zwischen Mensch und Tier, die sich zu einer dauerhaften Bindung entwickelte. Heutzutage steht die Katze ganz oben auf der Liste der beliebtesten Haustiere und hat den besten Freund des Menschen, den Hund, zahlenmäßig bei weitem eingeholt. 1,6 Millionen Katzen leben in österreichischen Haushalten, in Deutschland sind es ca. 7,5 Millionen und in der Schweiz 1,3 Millionen.

Steckbrief Katze

Einheitliche Optik

Angehörige der Familie „Katze“ sind alle auf den ersten Blick erkennbar, egal ob es sich um einen Feld-, Wald- und Wiesenkater handelt, eine zarte Burma, einen Luchs oder einen Tiger.

Herkunft
Nach ihrem Aussehen und ihrem Verhalten ist die domestizierte Katze ein Nachfahre der nordafrikanischen Falbkatze *Felis silvestris libyca*, und nicht der europäischen Wildkatze *Felis silvestris silvestris*. Auch sprachwissenschaftlich lassen sich Hinweise für den nordafrikanischen Ursprung der Hauskatze in dem nubischen Wort „kadiz", das Katze bedeutet, finden. Unser deutsches Wort „Katze", das französische „chat", das englische „cat", das spanische „gato" usw. dürften eine Ableitung davon sein.

Fleischfresser mit Raubtiergebiss
Katzen sind Landraubtiere mit einem perfekten Gebiss. Die langen, gebogenen Eck- oder Fangzähne packen die Beute und ermöglichen den Tötungsbiss. Die Reißzähne sind kräftig, dienen zum Zerteilen der Fleischstücke und können sogar kleinere Knochen brechen. Bereits die im Tertiär lebenden Urahnen, die Miaciden, verfügten über solch ein leistungsstarkes Fleischfressergebiss.

Kralleneinziehtechnik
Hauptcharakteristikum der gesamten Katzenfamilie ist die Fähigkeit, die Krallen einzuziehen, die ihr schnelle und präzise Bewegungsabläufe bei der Jagd ermöglicht. Durch den Umhüllungsmechanismus bleiben die Krallen geschützt, sind immer scharf und einsatzbereit. Der Gepard kann das nicht; er nutzt seine Schnelligkeit und erreicht als Hetzjäger bis zu 110 km/h bei der Jagd.

Auf Samtpfoten
Als Zehengänger können sich Katzen nahezu geräuschlos fortbewegen und anschleichen.

Durch und durch Jäger
Zwischen der domestizierten Katze und ihrer Stammform sind kaum Unterschiede festzustellen. Katzen verwildern schnell ohne den Menschen und werden zu perfekten Jägern.

Lebensart
Die Feliden werden als Einzelgänger betrachtet, trotz der Tatsache, dass Löwen in Gruppen bis zu dreißig Tieren und Geparden in Familienverbänden oder in Gruppen von Gleichaltrigen leben. Unterschiede in der sozialen Ordnung sind nicht unvereinbar, sondern spiegeln die Individualität der Katze und ihre enorme Anpassungsfähigkeit wider. Manche Katzen leben solitär, manche durchaus gesellig in verschieden großen Gruppen und in unterschiedlichen sozialen Strukturen.

Toleranz ist das Schlüsselwort, ob Katzen die Gesellschaft von Artgenossen akzeptieren.

Kinder fühlen sich von Katzen magisch angezogen und genießen ihre Gesellschaft.

Coach auf vier Pfoten

Wenn eine Katze den Raum betritt, erhellen sich unsere Gesichter. Sie verscheucht dunkle Gedanken, lenkt uns von Problemen ab und fordert uns auf, sie zu streicheln oder mit ihr zu spielen. Die Katze spendet Trost und stellt sich auf unsere Stimmungen ein: Ist der Mensch traurig, weicht sie oftmals nicht von seiner Seite. Katzen machen Mut, holen Menschen aus ihren Schneckenhäusern, vertreiben Trübsinn und Einsamkeit und vermitteln Lebenslust.

Balsam für Herz und Seele

Menschen brauchen Tiere, eine Aussage, die seit dem Zusammenleben der Menschen mit Tieren ihre Gültigkeit hat. Menschen jeden Alters, aber besonders Kinder, suchen die Nähe von Tieren und profitieren davon. Unsere Katzen sind Sozialpartner und Gefährtinnen in guten wie in schlechten Zeiten.

Ein starkes emotionales Band verbindet Mensch und Tier. Bereits die Anwesenheit einer Katze wirkt entspannend und beruhigend. Menschen mit Katzen leben gesünder, wie Mediziner herausgefunden haben. Der Herzschlag verlangsamt sich, der Blutdruck wird gesenkt und der Atem geht gleichmäßiger. Wen wundert es, dass Katzen in Krankenhäusern und Altersheimen als Co-Therapeuten eingesetzt werden?

Positiver Effekt

Tiere vollziehen keine Wertung nach menschlichen Kriterien und geben das Gefühl, bedingungslos geliebt zu werden. Katzen helfen bei der Erziehung unserer Kinder: Unterrichtet wird soziale Kompetenz, wie Verantwortungsbewusstsein, Toleranz und Mitgefühl. So lernen Kinder Teamfähigkeit, die Bedürfnisse eines anderen Lebewesens zu respektieren und auch die eigenen Wünsche zurückzustellen.

Das Lernen mit und von Tieren funktioniert zwanglos und mit großem Engagement von Seiten der Kinder. Zahlreiche wissenschaftliche Studien belegen, dass Kinder, die mit Hund, Katz und Co. aufwachsen, in der Schule weniger Anpassungsschwierigkeiten zeigen, kontaktfreudiger sind und Probleme im Elternhaus besser bewältigen.

Charaktere für jede Persönlichkeit

Genauso vielfältig und unterschiedlich wie die menschlichen Charaktere sind die Wesenszüge der Katze. Das genetische Vermächtnis der Elterntiere, Erfahrungen, Lernprozesse und Vorlieben haben ebenso einen Einfluss auf die Persönlichkeitsbildung des jungen Tieres wie das Lebensumfeld. Es ist nicht immer einfach, das Temperament einer Katze zu bestimmen. Einige sind sanft, andere extrovertiert und geschwätzig. Es gibt scheue, aber auch kratzbürstige Stubentiger. Und dies sind nur einige der Charaktereigenschaften, die wir Zweibeiner unseren Gefährtinnen auf vier Pfoten zuschreiben. Manchmal sind Katzen Ebenbild ihrer Bezugspersonen, manchmal ziehen sich Gegensätze an. Und eine aktive, selbstbewusste Katze kann eine introvertierte Persönlichkeit gut aus der Reserve locken und umgekehrt. Die Devise der Katze lautet: „Akzeptiere mich, so wie ich bin. Lasse dich auf das Abenteuer mit mir ein!"

Die Friedfertigen

Gelassenheit ist oberstes Gebot und nichts kann sie aus der Ruhe bringen. Als Diva gilt vor allem die Perserkatze mit faszinierend seidigem Haarkleid, die Bequemlichkeit und Luxus zu schätzen weiß. In ihrer unaufdringlichen Art schließt sie sich ihrer Bezugsperson an und gilt als ausgeglichener Gefährte für Mensch und Tier, genauso wie die Britisch Kurzhaar. Mit diesem unbeschwerten, geselligen Tier ist gut auszukommen. Sie ist sehr anhänglich, aber nicht aufdringlich. Auch die Exotisch Kurzhaar ist ausgesprochen friedliebend, jedoch etwas lebhafter als die Perser. Sie ist sehr verspielt und hat sich eine gewisse Unabhängigkeit bewahrt.

Auf einer kuscheligen Decke lässt es sich so richtig schön relaxen.

Sowohl die verführerische Kartäuser als auch die imposante Maine Coon sind starke Persönlichkeiten auf vier Pfoten.

Die Verführerinnen

Sie wissen, was sie wollen und machen das ihrem Menschen lautstark klar: Abessinier, Orientalen und Bengalen. Sie gehören zu den Rassen mit starker Persönlichkeit, die ihren Wünschen auf verführerische Art und Weise Ausdruck verleihen können. Abessinier sind gesellige, neugierige Tiere, die trotz ihrer Anhänglichkeit unabhängig sind. Ihre Liebe richten sie ganz und gar auf die Bezugsperson. Die dynamischen Bengalen verfügen über einen ausgeprägten Bewegungsdrang. Die lebhaften Tiere verausgaben sich gern im Spiel und ihr vereinnahmendes Wesen fordert die Aufmerksamkeit ihres Menschen. Aber auch eine Türkisch Van ist mehr als ein sanftes Kuscheltier und weiß, sich durchzusetzen.

Die Ursprünglichen

Ein Haustier in seiner ursprünglichen „wilden" Erscheinungsform: Die Maine Coon mit ihrem luchsartigen Aussehen und ihrem muskulösen Körperbau bietet sich als Gefährte für diejenigen an, die „back to the roots" anstreben. Trotz ihrer imposanten Erscheinung ist die Maine Coon ein sanfter Riese, ausgeglichen und mit der Fähigkeit, eine enge Bindung zu ihrer Bezugsperson zu entwickeln.
Auch die Norwegische Waldkatze entspricht diesem Bild der freiheitsliebenden Samtpfoten. Sie ist charakterlich stabil, selbstsicher und ein geselliger Zeitgenosse. Hervorragend sind ihre Kletterfähigkeiten. Die stattlichen Norwegerinnen lieben den Freilauf.

Während die aktive Bengal ihren Menschen lautstark vereinnahmt, schleicht sich die Heilige Birma sanftmütig in das Herz ihrer Familie.

Die Gesprächigen

Als wahre Temperamentsbündel voller Lebensfreude verzaubern sie und lieben die Aufmerksamkeit: Siam, Burma & Co. ziehen ungestüm, aber liebenswürdig ihre Umgebung in den Bann. Die Siam, wahrhaft königlichen Ursprungs, gilt als Athlet unter den Katzen. Extrovertiert, lebhaft und gesprächig, immer die Gesellschaft ihres Menschen suchend. Aber auch ihre Schwestern und Brüder, die Balinesen mit ihren halblangen Haaren, die Burmesen mit ihrem samtigen Fell und die Orientalen mit ihren Edelsteinaugen machen ihrem Namen alle Ehre. Die temperamentvollen Burmesen schließen ihren Menschen ins Herz, fordern aber im Gegenzug viel Aufmerksamkeit und Beschäftigung.

Die Sensiblen

Während es manchen Artgenossen nicht aufregend genug sein kann, zeigen Korat und Türkisch Angora große Sensibilität. Sie sind für eine ruhige Umgebung ohne Hektik und Stress ausgesprochen dankbar und schließen sich eng an ihre Bezugsperson an. So entwickelt sich oftmals eine enge Beziehung, in der sich Mensch und Tier offenbar mit einem einzigen Blick verstehen.

Jede Katze ist einzigartig

Beachten Sie bitte, dass die in den Rasseportraits dargestellten Charaktere lediglich als Richtlinie und Orientierungshilfe dienen, um die passende Gefährtin zu finden. Jede Katze ist eine Persönlichkeit und entspricht nicht immer ihrem Standard.

Kommunikation und Sinne

Katzen kommunizieren mit uns nicht nur durch Miauen, Schnurren und Fauchen, sie sprechen auch durch ihre Mimik und Gestik. Lesen Sie mehr über die Katzensprache und die exzellenten Sinne des Raubtieres, das sich dem Menschen angeschlossen hat.

Kommunikation

Jede Art der Verständigung ist ein Austausch von Informationen. Der Absender einer Botschaft muss sich unmissverständlich ausdrücken und der Empfänger der Nachricht muss erkennen, was gemeint ist.
Bei Tieren ist eine rein verbale Kommunikation – wie die menschliche – selten. Sie können jedoch ausgezeichnet auf einer nonverbalen Ebene – nämlich über Körpersprache, Gerüche und Berührungen – miteinander in Kontakt treten und so ihre Stimmungen und Absichten mitteilen.

Verständigung mit dem Menschen
Katzen sind nicht nur unter ihresgleichen Meister der Verständigung, sie haben aufgrund ihrer hohen Intelligenz gelernt, auch mit uns Menschen zu kommunizieren. Es scheint, als ob Katzen auf unser eingeschränktes Wahrnehmungsvermögen Rücksicht nehmen würden und sich bemühen, für uns klar und deutlich zu „sprechen“. Umfragen unter Tierhaltern haben ergeben, dass 95 % der Katzenbesitzer mit ihrer Katze plaudern und, dass die Tiere feinfühlig auf gewisse Sätze, deren

WICHTIG

Beobachten Sie Ihr Tier aufmerksam
Der Gesamteindruck zählt! Körpersprache, Mimik und Lautäußerungen müssen immer in ihrer Gesamtheit betrachtet werden, um eine zutreffende Aussage über die Stimmungslage der Katze in einer konkreten Situation zu erhalten. Werden Verhaltensweisen isoliert betrachtet, kann es zu Fehlinterpretationen und folglich zu Missverständnissen kommen.

INFO

Stimmungsbarometer

Der Schwanz dient der Katze nicht nur, um die Balance zu halten, sondern ist auch eine Art Stimmungsbarometer:

- *Gute Laune – erhobener Schwanz*
- *Konflikt – zuckender Schwanz*
- *Ungeduld und Ärger – hin und her peitschender Schwanz*
- *Angst beziehungsweise Unterwerfung – gesenkter Schwanz. Dabei wird er aufgeplustert beziehungsweise zwischen die Beine geklemmt.*

Das Schwanzwedeln der Katze hat eine andere Bedeutung als das des Hundes! Wedelt die Katze mit dem Schwanz, befindet sie sich bereits in eher aggressiver Stimmung, legt sie dann noch die Ohren an, fehlt nicht mehr viel bis zum Pfotenhieb. Ein Schwanzwedeln des Hundes kann grundsätzlich als freundliche Geste gesehen werden, kann aber auch Anspannung oder einen Konflikt signalisieren. Um dies zu deuten, muss die gesamte Körpersprache betrachtet werden.

Tonlage sowie die jeweilige Ausdrucksweise und Stimmungslage des Menschen reagieren. Katzen sind in der Lage, sich in ihrer Kommunikation auf den jeweiligen Gesprächspartner einzustellen. Eine Siamkatze zum Beispiel, deren Besitzerin plötzlich taub wurde, hat ihr kommunikatives Miauen durch eine Verständigung durch Mimik und Gestik ersetzt.

ABC der Körpersprache

Schon die Körperhaltung der Katze vermittelt dem Gegenüber gewisse Informationen über die Stimmungslage, und das sogar auf Distanz. Jede optische Vergrößerung des Körpers bedeutet Selbstsicherheit. Durch das Aufstellen des Rückenfells versucht die Katze imposant zu wirken und auf den Gegner Eindruck zu machen.

Katzenbuckel
Macht die Katze einen Katzenbuckel, ist sie gleichzeitig in Flucht-, Verteidigungs- und Angriffsstimmung. Sie ist im Zwiespalt: fliehen oder angreifen? Sie zeigt den Katzenbuckel seitlich zum Gegner, um entweder steifbeinig den Rückzug anzutreten oder nach vorn zu stelzen, um zum Angriff überzugehen. Verteidigungsbereitschaft wird durch das Einknicken der Vorderbeine signalisiert, Unsicherheit, durch das Einknicken der Hinterbeine. Eine Katze mit aggressiver oder defensiver Körperhaltung sollte man besser nicht anfassen und ihr Zeit geben, sich zu beruhigen.

Augen, Ohren und Schnurrhaare
Auch die Stellung der Ohren, der Schnurrhaare und der Augen geben Aufschluss über die Gemütslage:

Zufrieden Bei einer zufriedenen Katze sind die Ohren nach oben gerichtet und die Schnurrhaare entspannt.
Angespannt Wandern die Ohren nach hinten und die Schnurrhaare werden nach vorn gefächert, weist das auf Anspannung hin.
Ärgerlich Eine verängstigte oder verärgerte Katze, die zum Angriff oder zur Verteidigung bereit ist, hat die Ohren angelegt und die Schnurrhaare nach vorn gerichtet.
Entspannt Halbgeschlossene Augen und zur Seite gedrehte Ohren sowie entspannt hängende Schnurrhaare signalisieren Zufriedenheit und Entspannung.
Spiellaune Spielbereitschaft wird durch gespitzte Ohren und weit geöffnete Augen mitgeteilt: „Los, spiel mit mir!“

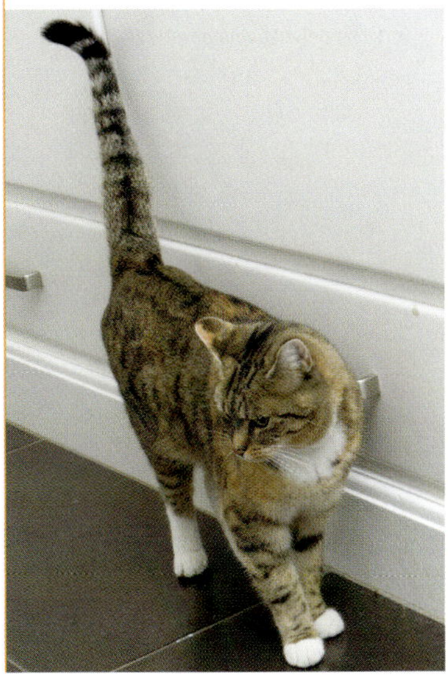

Mit gekrümmter Schwanzspitze wird der geliebte Mensch begrüßt, aber auch um Futter gebettelt.

Sind Sprachprobleme einmal überwunden, vertragen sich auch Hund und Katz.

Ausdruck des Wohlbefindens
Kennen Sie nachfolgend beschriebene Situation? Ihre Katze springt auf Ihren Schoß und beginnt, mit tretenden Pfotenbewegungen Ihren Arm oder Ihren Oberschenkel zu kneten. Dieses Bewegungsmuster wird Treteln genannt und stammt aus der Kindheit der Katze. Das kleine Kätzchen versucht mit dem so genannten Milchtritt den Milchfluss an der Zitze anzuregen. Zeigt Ihre Katze diese Verhaltensweise bei Ihnen, können Sie sich glücklich schätzen, denn diese Geste bedeutet höchstes Wohlbefinden. Die Katzenhalter unter Ihnen, die auch einen Hund haben, interessiert es vielleicht, dass beim Hund das so genannte Pföteln dem Treteln der Katze entspricht.

WICHTIG

Katzensprache lernen
Lernen Sie die Katzensprache! Nur so können Sie verstehen, in welcher Stimmung sich Ihre Katze befindet und welche Absichten sie hat.

Nachfolgend einige Tipps:

› *Anstarren wird als Drohgebärde aufgefasst. Wenn Sie die Katze anschauen, blinzeln Sie dabei. Das kommt einem Lächeln gleich.*

› *Es entspricht dem Katzenverhalten, dass die soziale Kontaktaufnahme von der Katze ausgeht. Zwingen Sie Ihrer Katze keine Streicheleinheiten auf. Beim Streicheln sollten Sie auf die Körpersprache der Katze achten. Beginnt sie mit dem Schwanz zu „peitschen" und die Ohren anzulegen, signalisiert sie Ihnen, dass sie genug gestreichelt wurde und nun ihre Ruhe möchte.*

Das Pfotegeben des Hundes hat einen auffordernden Charakter, denn der Hund bittet damit um freundliche, reibungslose Aufnahme in den menschlichen Sozialverband.

Partitur der Töne

Die verschiedenen Schnurr-, Miau- und Chhh-Laute hören sich vielleicht ähnlich an, doch sie haben unterschiedliche Bedeutungen. Katzen verfügen über eine ausdrucksreiche Sprache, die nicht mit einfachen Worten zu übersetzen ist. Aus ungefähr 16 bis 20 Grundlauten entstehen eine Menge Übergangsformen, die individuell veränderbar und einsetzbar sind. Unsere Katzen kennen zwei Lautsprachen: die des Kätzchens und die der erwachsenen Katze. Wild lebende Katzen kommunizieren in der Mutter-Kind-Beziehung in einem gewissen Sprachsystem, das im Erwachsenenalter durch ein anderes ersetzt wird. Ausgewachsene Katzen teilen sich ihren Artgenossen über Gesten und Düfte mit, Vokale werden seltener eingesetzt. Unsere Hauskatzen behalten jedoch im Umgang mit uns Menschen ihre Babysprache bei, die sie mit dem Vokabular der erwachsenen Katze verfeinern und an die jeweilige Situaion anpassen. Und jeder Katzenhalter kennt die mannigfachen Miau-Botschaften seines Stubentigers und wie gezielt jene Laute eingesetzt werden, um Wünschen und Forderungen Ausdruck zu verleihen.

Was gibt es Schöneres als die Zuneigung seines Menschen zu spüren?

Die ausgeprägte Individualität der Katze spiegelt sich auch in ihrer Kommunikationsfreudigkeit wider. Während die einen stillschweigend vor der Terrassentür warten, um Einlass finden, schreien die anderen fordernd vor der Tür, um ihren Menschen aufmerksam zu machen. Bei Forderungen wird das „Miau“ oftmals zum gellenden „Mau“. In der Regel wird von Mieze so lange miaut, bis sie das Objekt der Begierde erhält, sei es ein besonderer Leckerbissen oder Aufmerksamkeit.

INFO

Kleine Plaudertaschen

Nicht jede Katze ist ein Plappermaul. Manche Tiere leben lieber stillschweigend mit ihrem Menschen zusammen. Bekannt für ihre Gesprächigkeit sind Siam, Burma und Orientalen. Perser und Britisch Kurzhaar gelten als ruhiger. Wesenseigenschaften dürfen jedoch nicht verallgemeinert werden und Ausnahmen bestätigen die Regel. Möchten Sie Ihre Katze zu einer Plaudertasche erziehen, ist es wichtig, dass Sie auf das Miau reagieren und der von der Katze gestellten Aufforderung nach Streicheleinheiten oder nach einem Leckerbissen nachkommen.

Lautäußerungen
Die Lautäußerungen der Katze können in Gruppen eingeteilt werden: Man unterscheidet die Murmel-, die Vokal- und die Erregungslaute. Die Katzensprache ist vielfältig und nicht immer leicht zu verstehen. Nachfolgend werden die wichtigsten Töne und deren Bedeutung beschrieben.

Gurren
Murmellaute, wie das Gurren und Schnurren, werden mit geschlossenem Maul von sich gegeben. Das Gurren wird zur freundschaftlichen Begrüßung eingesetzt. Katzenmütter locken ihre Jungen mit diesem Ruf herbei, paarungsbereite Katzendamen umgarnen so ihre Verehrer.

Katzenkonferenz!

INFO

Was Schnurren bedeutet

Schnurren ist nicht immer ein Signal, dass die Katzenwelt rundum in Ordnung ist und sich die Katze wohl fühlt. Katzen schnurren auch bei Missbefinden und/oder um dieses Missbefinden zu vermeiden beziehungsweise ihre Hilflosigkeit auszudrücken.

In folgenden Situationen wird ebenso geschnurrt:

- *in Angstsituationen, zum Stressabbau und zur Beruhigung.*
- *zur Beschwichtigung von Artgenossen, bei Schmerzen und im verletzten Zustand,*
- *während der Geburtswehen und in der Todesstunde.*

Schnurren
Grundsätzlich schnurren Katzen, wenn sie sich in einer sozial aufgeschlossenen Stimmungslage befinden. Wer kennt das nicht? Die wohlig schnurrende Katze auf dem Schoß? Zufriedenheit und Wohlbefinden werden sowohl dem Artgenossen als auch dem Menschen gegenüber signalisiert. Das erste Schnurren der Kätzchen erfolgt beim Säugen und ist ein Zeichen des Wohlbehagens. Die Katzenmama antwortet mit Gegenschnurren.

Wie Schnurren entsteht

Interessant ist, dass sich die Wissenschaftler noch bis vor kurzem nicht einig waren, wie und wo das Schnurren der Katze entsteht. Die Blut-Turbulenz-Theorie besagte, dass das Schnurren aufgrund von Blutturbulenzen in einer der Hauptvenen zustande käme. Mittlerweile ist bekannt, dass das Schnurren im Kehlkopf entsteht. Die Katze hat neben ihren herkömmlichen Stimmbändern eine Art Hautfalte im Kehlkopf, die „Vorhof-Falte“ oder „falsche Stimmbänder“ genannt werden. Der Luftstrom, der beim Ein- und Ausatmen darüber streicht, wird durch Kontraktionen der Kehlkopfmuskulatur bis zu 30-mal pro Sekunde unterbrochen und das Schnurren entsteht.

Schnurren heilt

Forscher des „Fauna Communications Research Institute“ in North Carolina konnten beobachten, dass das Schnurren der Katze sich in einem Frequenzbereich zwischen 25 und 50 Hertz bewegt, und die erzeugten Schallwellen Heilungsprozesse im Knochengewebe auslösen. Das brummende Schnurren dient also nicht nur der Kommunikation, sondern auch der Stressminderung und der Selbstheilung. Was wir hier von den Katzen gelernt haben, wird mittlerweile angewandt: Künstlich erzeugtes „Schnurren“, so genanntes Vibrationstraining, gehört heute zu den Therapieformen für Menschen, die unter Knochenschwund (Osteoporose) leiden.

Maunzend nimmt Mieze Kontakt zu ihrem Menschen auf und erwartet, dass ihrer Forderung nach Aufmerksamkeit oder Futter nachgekommen wird.

Miauen und Maunzen

Um ein Miau zu erzeugen, muss die Katze die Lippen kräuseln. Durch den Übergang von einer Tonart in die nächste und durch die Tonhöhe der Miau- und Maunzlaute werden eine Vielzahl von Gefühlen ausgedrückt. Mit einem Miau bittet die Katze um Aufmerksamkeit, erstmalig als Kätzchen bei der Katzenmama, später dann bei ihren Bezugspersonen. Da gibt es das Miau, das Türen öffnen soll, das bettelnde Miau bei Hunger, das auffordernde Miau zum Spielen, das ängstliche Miau oder ein irritiertes Miau, wenn der Mensch sich anders als erwartet verhält. Sie haben sich sicher auch schon mit Ihrer Katze unterhalten. Es scheint, dass Katzen einen Teil unserer Worte verstehen, aufgrund des Tonfalles, den wir wählen, und verstärkt durch unsere Körpersprache, die die Worte begleitet. Manchmal neigt die Katze dann auch ihren Kopf, sieht uns fragend an und signalisiert, dass sie unseren

Vorsicht, schlecht gelaunte Katze! Wer sich nun zu nah heranwagt, bekommt eins mit der Tatze!

Katzen, die Vögel durch das geschlossene Fenster beobachten, schnattern, weil sie die Beute nicht erreichen können.

Worten nicht folgen konnte. Es ist nicht leicht, seine Katze zu verstehen und sich ihr verständlich zu machen, aber mit Katzenerfahrung und Interesse am Verhalten, lassen sich Missverständnisse vermeiden.

Erregungslaute

Schreie vor Angst und Schmerz sowie Paarungsschreie zählen neben Knurren, Fauchen, Jaulen und Schnattern zu den Erregungslauten.

Knurren und Fauchen

Das Knurren entsteht im Stimmapparat, wird aber mit geschlossenem Maul erzeugt. Katzen können wie Hunde knurren, vor allem wenn sie gereizt sind, oder wenn ein Artgenosse die begehrte Beute streitig machen möchte. Knurren kann schnell in Fauchen übergehen. Fauchen und Spucken werden zur Abschreckung von Gegnern eingesetzt und verfehlen kaum ihre Wirkung. Wer dann nicht von der Katze Abstand hält, riskiert einen Prankenhieb.

Jaulen und Kreischen

Jaulen und Kreischen sind besonders hohe Töne, die Katzen ausstoßen, wenn sie sich in die Enge getrieben fühlen und ihnen der Fluchtweg versperrt ist.

INFO

Ins Gesicht gepustet

Beim Fauchen wölbt die Katze die Zunge, um einen warmen Atemstrahl auszustoßen. Haben Sie Ihrer Katze einmal unabsichtlich ins Gesicht geblasen? Wahrscheinlich hat Ihre Katze Sie daraufhin angefaucht. Denn genau das haben Sie durch das Anblasen ausgedrückt.

Schnattern

Die Katze äußert ihren Frust durch Schnattern, wenn sie Beute sieht, ihr es aber nicht möglich ist, dem Beutetier nachzujagen. Die Katze öffnet dabei leicht den Mund und bewegt schnell den Unterkiefer. Das Schnattern hört man beispielsweise, wenn die Katze am Fenster sitzt und durch die Scheibe Vögel beobachtet. Die Anspannung steigt, der Vogel kann nicht gejagt werden.
Die Katze schnattert und peitscht auch manchmal verärgert mit dem Schwanz.

Welt der Düfte

Katzen kommunizieren meisterhaft mittels Duftstoffen. Duftbotschaften sind nicht so flexibel einsetzbar, wie die Verständigung durch Körpersprache und Lautäußerungen, da die Botschaften nicht unmittelbar an veränderte Situationen angepasst werden können. Die meisten chemischen Signale bieten jedoch den Vorteil der längerfristigen Informationsübermittlung, auch wenn der Informationssender nicht mehr präsent ist. Nach einer ausgiebigen Geruchsprüfung erhält die Katze Informationen über das Geschlecht, das Alter, den Rang, den hormonellen Status und auch den Gesundheitszustand anderer Artgenossen.

Duftmarkierungen

Auch unsere Hauskatzen mit mehr oder weniger Freilauf haben Reviere mit einem Kernbereich von etwa 100 m Durchmesser und einem Streifgebiet von etwa 500 m bis 2 km Durchmesser. Da diese Reviere keine festen Grenzen haben, sondern sich oft mit den Revieren anderer Katzen überlappen, müssen Konfrontationen und in der Folge Verletzungen durch Kämpfe auf ein Minimum reduziert werden. Treffen nun zwei unbekannte Katzen in einem Gebiet

***Katzenintranet:* Die Botschaften der Artgenossen werden aufmerksam gelesen.**

Hoppla! Der Kater von nebenan ist gerade im Revier. Da warte ich noch etwas mit meinem Spaziergang.

aufeinander, versuchen beide das Gegenüber durch Schnuppern am Kopf oder an der Analregion, wo die Duftdrüsen sitzen, zu identifizieren. Solche Begegnungen sind nicht so häufig, da die Katzen über ein ausgeklügeltes Zeit-Raum-Management mittels Sichtkontakt und Duftmarken verfügen.

Verkehrsregelung im Katzenrevier

Katzen hinterlassen ihre Urin- und Kotmarken an strategisch wichtigen Punkten. Das sind auffällige, vertikale Stellen wie Steine, Büsche oder Hauswände. Diese Duftmarkierungen dienen der Übermittlung diverser Informationen an Artgenossen und geben Auskunft über die Identität der Katze, die Anwesenheit in einem bestimmten Bereich, den Zeitpunkt des letzten Aufenthalts und die Paarungsbereitschaft weiblicher Tiere. Manchmal kommt es zu regelrechten „Duftduellen", wobei ein Tier versucht, die Duftmarkierung des anderen Tieres durch eigene Harnmarkierungen zu überschreiben.

„Stop"- and „Go"-Marken

Befinden sich mehrere Katzen in einem Gebiet, wird der Verkehr durch Duftmarkierungen mit „Stop-and-go-Funktion" geregelt. Das Alter einer Markierung ist für die Signalfunktion bedeutend. Frische Urinmarken sind „Stop"-Marken. Verflüchtigen sich die Duftstoffe nach einiger Zeit, werden sie zu „Go"-Marken. Der Geruch ist nicht mehr so intensiv und lässt vermuten, dass der Konkurrent bereits weitergezogen ist. Ausgewachsene Kater markieren häufiger mit Urin, wenn sie herumstreunen, weibliche Tiere hingegen markieren öfter, wenn sie sich auf der Jagd befinden. Kothaufen ranghöherer Tiere werden auf erhöhten Positionen abgesetzt und nicht zugescharrt.

TIPP

Verscharren oder nicht verscharren?

Wenn eine Ihrer Katzen den Kot in der Katzentoilette nicht verscharrt, ist sie wahrscheinlich die Ranghöchste im Katzenrudel und demonstriert so ihre Stärke. Das können sowohl Kater oder Kätzin sein. Bei einzeln gehaltenen Tieren kann ein Nicht-Verscharren des Kotes auch auf Probleme in der Mensch-Tier-Beziehung hinweisen.

Wangenreiben und Köpfchengeben

Katzen haben Duftdrüsen, die sich im Bereich rund um die Augen, das Maul und an den Wangen befinden. Auch die beiden Analdrüsen am After produzieren Duftbotschaften. Die Drüsen sondern Sekrete ab, die den individuellen Duft des Tieres tragen. Mit diesem „Parfum" werden nun Artgenossen und Gegenstände inklusive Tierhalter versehen. So freundlich Wangenreiben und Köpfchengeben sind, so haben sie doch einen Hintergedanken, nämlich die Kennzeichnung des Besitzes. Auch die Begrüßung durch Ihre Katze, wenn Sie nach Hause kommen, hat den Zweck, den Fremdgeruch, den Sie von draußen mitbringen, durch den eigenen Geruch zu ersetzen und Ihnen wieder den Stempel der Revierzugehörigkeit aufzudrücken.

Harnmarkieren im Wohnbereich

Meistens werden vertikale Objekte, aber auch persönliche oder neue Gegenstände des Tierbesitzers mit Urin markiert. Auch mancher Artgenosse oder Katzenhalter wurde mit Harn bespritzt. Die Harnmarkierungen werden vorwiegend stehend mit erhobenem Schwanz und stark zitternder Schwanzspitze angebracht, kastrierte Tiere hocken meistens wie beim Urinieren. Unkastrierte Kater beginnen oft bei Erreichen der Geschlechtsreife mit dem Markieren. Eine Kastration kann das Problem beheben. Dennoch gibt es kastrierte Kater und Weibchen, die im Wohnbereich Harn spritzen.

Gegenseitige Fellpflege stärkt das Gemeinschaftsgefühl.

Diversen Statistiken zufolge liegt die Erfolgsquote bei 90 %, unabhängig davon, ob die Kastration vor oder nach der Geschlechtsreife vorgenommen wurde.
Manche Katzen hinterlassen plötzlich Harnmarkierungen, wenn Sie eine andere, neue Katze in der Nachbarschaft riechen oder wenn es zu Rangordnungsschwierigkeiten im Katzenrudel kommt. Einschneidende Veränderungen in der Umgebung wie Umzug, Umbau, neue Möbel, veränderte Interaktionen sowie ein Problem mit der Katzentoilette bewirken Stress und könnten weitere Ursachen sein.

TIPP

Harnmarkieren

Harnmarkieren ist eine artgerechte Verhaltensweise des Kommunikationsverhaltens von Katzen. Im Gegensatz zur Unsauberkeit wird die Katzentoilette weiterhin von den Tieren benutzt.
Harnflecken auf Teppichen oder Polstermöbeln sollten niemals mit ammoniakhaltigen Putzmitteln gereinigt werden. Aufgrund der chemischen Ähnlichkeit des Ammoniaks zu Urin würde dies die Katze zu weiteren Harnmarkierungen veranlassen.

Auch Spuren sprechen ...

Durch die Schweißdrüsen an den Vorderpfoten wird beim Kratzen ein Sekret abgesondert, dass die Kratzspuren mit dem Geruch der Katze versieht. Die Kratzmarkierungen sind also ein für andere Katzen sicht- und riechbares Signal der Reviergrenzung. Sowohl in freier Natur als auch im Haus bevorzugen Katzen häufig ein bestimmtes Objekt zum Kratzen. Doch das Kratzen dient nicht nur zum Signale setzen, sondern auch der Maniküre, denn dabei werden auch die alten, lockeren Außenschichten der Krallen abgezogen und frisches Horn freigelegt.

Mal sehen, welche Botschaft ich einritze.

Beachtliche Sinnesleistungen

Die Sinne sind sowohl bei unseren Haus- als auch bei Wildkatzen gleichermaßen gut ausgebildet und den Bedürfnissen eines Raubtieres angepasst. Es scheint fast, als ob die domestizierten Katzen zu differenzierteren Sinnesleistungen fähig wären, aufgrund ihrer Anpassung an das menschliche Leben.

Sehen

Als dämmerungsaktive Jägerin muss die Katze auch in der Dunkelheit ihre Beute aufspüren und erlegen können. Ihr nächtliches Sehvermögen ist ausgezeichnet, und das Katzenauge ist auf die Wahrnehmung von Bewegung und Entfernung spezialisiert, was eine rasche Fixierung des Beutetieres erlaubt. In der Dämmerung sieht die Katze sechsmal besser als der Mensch, in totaler Finsternis können jedoch auch Katzenaugen nichts mehr erblicken. Entgegen der langjährigen Annahme sind Katzen nicht farbenblind. Mittlerweile ist bekannt, dass sie die Grundfarben sehen können, allerdings scheint das Farbsehen nur eine untergeordnete Rolle zu spielen.

Augentier

Die Augen der Katze sind, wie beim Menschen auch, weit vorn im Schädel angesetzt und nach vorn gerichtet. Dadurch verfügt sie über ein räumliches Gesichtsfeld von 120 Grad, das die Wahrnehmung von

Entfernungen verbessert. Auf jeder Seite kommen noch 80 Grad Sicht dazu. Das ergibt ein Blickfeld von 280 Grad. Zusätzlich zu einem oberen und unteren Augenlid wird das Katzenauge von einem dritten Lid geschützt, der Nickhaut. Das ist eine dünne Membran im Augenwinkel, die dafür sorgt, dass der Augapfel immer ausreichend mit Tränenflüssigkeit versorgt wird.
Die Pupillen der Katze weiten sich bei Dämmerung zu Kreisen, damit mehr Licht aufgenommen werden kann und verengen sich bei intensivem Sonneneinfall zu Schlitzen. Eine lichtreflektierende Schicht, das Tapetum lucidum, befindet sich im Hintergrund und verbessert die Sehleistung in der Dämmerung. Das Licht, das nicht im Auge absorbiert wurde, wird nun nochmals auf der Netzhaut gespiegelt. So entsteht auch das geheimnisvolle Leuchten der Katzenaugen in der Dunkelheit, wenn sie von einem Scheinwerfer angestrahlt werden.

Riechen

Im Vergleich zum Menschen mit über 5 bis 20 Millionen Geruchszellen ist die Katze mit 60 bis 65 Millionen Geruchszellen sehr viel besser ausgestattet. An der Spitze der Riechleistung steht jedoch der Hund mit 80 bis 220 Millionen Riechzellen. Die Katze setzt ihren Geruchssinn auch nicht auf der Suche nach Beute ein, wie die Hunde, sondern nur beim Verzehr der Beute und bei sozialen Kontakten mit Artgenossen und Menschen.

Dem aufmerksamen Blick der Jägerin entgeht nichts.

Herausgerochen

Katzen sind in der Lage, sowohl ein einziges Geruchsmolekül als auch komplexe chemische Verbindungen wahrzunehmen. Das erklärt auch, wieso Katzen eine zu verabreichende Tablette im verführerischsten Leckerbissen erschnuppern können und sich nicht vom Menschen täuschen lassen. Es wird also nicht leicht, die Katze zu überreden.

INFO

Wie ist die Stimmungslage?
Abgesehen von den Veränderungen der Pupillen, die durch die jeweiligen Lichtverhältnisse bestimmt werden, sind verengte Pupillen ein Zeichen von Spannung, Interesse und Drohung, erweiterte Pupillen hingegen drücken Überraschung, Angst und Verteidigungsbereitschaft aus.

Flehmen
Katzen besitzen ein Organ, das in seiner Funktionsweise zwischen dem Geruchs- und Geschmacksinn liegt. Das ist das Jacobsonsche Organ. Die Luft wird eingesaugt und die ungewohnten sowie anregenden Gerüche werden dadurch analysiert. Dabei ist das Maul leicht geöffnet, die Oberlippe wird hochgezogen, die Nase gerümpft und die Augen blicken vermeintlich ins Leere. Man nennt dies Flehmen und dies sieht für uns sehr komisch aus.

Schmecken
Der Geschmacksinn der Katze ist nicht sehr stark ausgeprägt. Im Vergleich zum Menschen, der ungefähr über 9000 Geschmacksknospen verfügt, liegt die Anzahl der Geschmackszellen der Katze bei etwa 500. Die Katzenzunge kann Salziges, Saures und Bitteres unterscheiden. Süßes schmeckt sie nicht.

Hören
Die Katze hat ein exzellentes Gehör und kann Frequenzen erfassen, die über das menschliche Hörvermögen und das von Hunden hinausgehen. Besonders empfänglich sind Katzenohren für Hochfrequenzlaute, wie sie zum Beispiel von kleinen Nagetieren hervorgebracht werden. Und auch wenn es scheint, als ob die Katze tief schlafen würde, so sind die Ohren immer in Bereitschaft, um nicht ein Rascheln und Piepsen einer Maus zu überhören. Die Ohrmuscheln selbst sind perfekt konstruierte Schalltrichter, die unabhängig voneinander auf eine Schallquelle ausgerichtet werden können. Auch wenn Katzen die Fähigkeit haben, Töne zu filtern oder einfach zu überhören, sollten Sie Ihrem Tier keine laute Musik oder ständige Geräuschkulissen zumuten.

Katzen bevorzugen kleine Mahlzeiten über den Tag verteilt. Ruhe beim Fressen ist oberstes Gebot.

INFO

Riecht es appetitlich?
Der Geruch der Nahrung spielt eine bedeutende Rolle und entscheidet, ob die Katze das Futter fressen wird oder nicht.

Es gibt keine Beweise dafür, dass eine hungrige Katze mehr Mäuse fängt, als eine satte.

Tasten und Fühlen
Die Schnurrhaare auf der Oberlippe der Katze sowie die Haare über den Augen, an den Wangen und am Kinn sind Tasthaare. Sie werden auch Vibrissen genannt und reagieren auf geringe Berührungen. Sie sind Orientierungshilfe bei Dunkelheit und messen die Breite von Schlupflöchern. Bei der Jagd sind die Vibrissen entscheidend für den Erfolg, denn der Tötungsbiss wird dann gesetzt, wenn die Tasthaare die Beute berühren und die Position des Beutetieres stimmt. Wird das Mäuschen gefangen und vielleicht für die Kätzchen in das Katzenlager gebracht, geben die Schnurrhaare Auskunft, ob die Beute noch exakt zwischen den Zähnen sitzt.

Druckrezeptoren an den Pfoten
In den samtweichen Sohlenballen der Katze befinden sich Druckrezeptoren, die Erschütterungen wahrnehmen können. Die hochsensiblen Sinnesorgane in den Pfoten scheinen auch dafür verantwortlich zu sein, dass Katzen feinste Vibrationen lange vor einem bevorstehenden Erdbeben spüren können.

Fühlbare Kommunikation
Auch bei der als Einzelgänger abgestempelten Katze spielt die Kommunikation durch Körperkontakt wie Nasenkontakt, Aneinanderreiben der Körper, gegenseitige Fellpflege und Lecken, eine Rolle. Mit Hilfe des Körperkontaktes werden Bindungen aufgebaut und immer wieder bestätigt. Auch das Streicheln des Tieres durch den Menschen hat eine Bindungsfunktion: Die Katze verbindet mit der Berührung etwas Angenehmes.

INFO

Musik für Katzen
Es gibt auch Melodien, die speziell für Katzen komponiert wurden. Diese Musik wirkt beruhigend und harmonisch. (Nähere Informationen finden Sie im Serviceteil.)

Unglaubliche Fähigkeiten

Ein Leben im Balanceakt

Katzen leben in der dritten Dimension. Nur aus der Höhe lassen sich das Revier und die „Machenschaften" der Artgenossen so richtig überblicken. Wer über Äste und Balkonbrüstungen tänzelt, muss ein exzellentes Balancegefühl und eine blitzschnelle Reaktion besitzen, um in unerwarteten Situationen nicht das Gleichgewicht zu verlieren. Das Gleichgewichtsempfinden der Katzen ist viel ausgeprägter als das des Menschen, und der Katzenschwanz dient als ausgezeichnete Balancierhilfe. Zum Beispiel, wenn eine Katze, die über ein schmales Mauerwerk tänzelt, einen Blick auf die Seite wagt, wird ihr Schwanz in die entgegengesetzte Richtung zeigen und ihr somit helfen, das Gleichgewicht zu wahren. Kleine Kätzchen mit ihren dünnen „Rattenschwänzchen" haben anfangs noch Probleme mit dem Balancieren. Schwanzlose Rassekatzen, wie die Manx, schaffen es kaum, das Gleichgewicht zu halten.

Landung auf vier Beinen

Der Stellreflex sorgt dafür, dass sich die Katze im freien Fall so dreht, dass sie auf allen vier Pfoten landet. Der Katzenschwanz wird dabei als Steuerungsruder eingesetzt. Die Katze landet jedoch nur dann auf allen Vieren, wenn die Zeit des Falles für ein Wendemanöver ausreicht. Bei Stürzen aus einer Höhe von weniger als zwei bis drei Metern fallen sie oft auf den Rücken und ziehen sich schwere Verletzungen zu, ebenso bei Abstürzen aus großen Höhen, wo die Beine die Wucht des Aufpralls nicht mehr abfangen können.

TIPP

Sicherheitsnetze

Sichern Sie Balkone und Fenster mit Katzennetzen ab und bewahren Sie Ihre Katze vor schwerwiegenden oder gar tödlichen Verletzungen durch einen Sturz.

Beobachten, Klettern, Verstecken und Erkunden sind einige der Lieblingsaktivitäten von Katzen, nicht nur in freier Natur.

Die innere Uhr

Von Katzen weiß man, dass sie über einen beachtlichen Zeitsinn verfügen. Gerade in dicht besiedelten Gebieten überlappen sich die Reviere verschiedener Stadtkatzen mit Freilauf, und die Reviergrenzen können nicht von allen Katzen gleichzeitig begangen werden. Feste Zeiten für das Abschreiten können Abhilfe schaffen. So geht der freche Tiger aus Nachbars Garten vormittags auf Patrouille und die graue Katzendame schreitet nachmittags die Reviergrenzen ab. Sollte es doch unerwartet zu Sichtkontakt kommen, kann man einander still und ohne viel Aufsehen aus dem Weg gehen. Auch im übrigen Katzenalltag gibt es einen Zeitplan für diverse Aktivitäten, zum Beispiel für die Fütterung sowie für Schmuse- und Spielstunden. Die Mieze weiß auch, dass unter der Woche früh gefüttert wird, Frauchen und Herrchen jedoch am Wochenende etwas später aufstehen, um die Katzenmahlzeit zu servieren.

Audiovisuelles Gedächtnis

Katzen orientieren sich optisch und akustisch. Sie achten dabei vor allem auf vertraute Geräusche und Bewegungen. Dadurch wird im Gehirn ein so genanntes Hörbild gespeichert, welches die Orientierung auch über große Entfernungen möglich macht. Dadurch finden Katzen auch über weitere Strecken wieder nach Hause. Bei größeren Entfernungen (von mehr als 5 Kilometern) wird es für die Katze schwieriger. Tiere mit Freilauf sind gegenüber reinen Wohnungskatzen im Vorteil. Sie kennen das Revier mit allen markanten Hörbildern und finden sich daher leichter zurecht.

TIPP

Gewohnheitstier Katze

Katzen sind Gewohnheitstiere und so wird jede Veränderung, sei es im menschlichen Heim oder im Revier, registriert und untersucht. Ein ständiges Umstellen der Möbel in Ihrer Wohnung kann die Katze irritieren und Verhaltensprobleme auslösen.

Eine Katze kommt ins Haus

Das Sprichwort „Prüfe, wer sich ewig bindet!" hat auch in der Mensch-Tier-Beziehung seine Gültigkeit. Die Entscheidung für ein Tier und die Auswahl des neuen Familienmitgliedes sollten immer mit großer Verantwortung getroffen werden, um Enttäuschungen bei Mensch und Tier zu vermeiden.

Katzenfit?

Steht der Entschluss fest, das Leben mit einer Katze teilen zu wollen, gibt es vorerst eine Menge Fragen zu klären. Die grundlegendste aller Fragen, die Sie sich vor der Anschaffung überlegen sollten, ist: „Bin ich bereit für eine Katze?" Die Aufnahme eines Tieres in die Familie bringt nicht nur Freude, sondern auch einige Pflichten mit sich.
Als Tierhalter sind Sie zeitlebens für Ihr Tier verantwortlich. Die Tierheime beherbergen viele Katzen, deren Besitzer sich ihrer Verantwortung entledigt haben. Gehören Sie nicht zu den Menschen, denen eine Katze zugelaufen ist und die daher vom Tier ausgesucht worden sind, dann dürfen Sie die Auswahl Ihrer vierpfotigen Gefährtin treffen. Damit es eine Entscheidung mit einer harmonischen Zukunft wird, sollten Sie sich über Ihre Erwartungen an das Tier bewusst sein und bereit sein, Ihrer Katze ein artgerechtes Leben im menschlichen Heim zu ermöglichen.

Der nachfolgende Test zur „Katzentauglichkeit" soll Ihnen eine Entscheidungshilfe sein.

„Komm, spiel mit mir!" Vertrauensvoll geht Mieze auf den Menschen zu.

CHECK

Sind Sie Katzenfit?	*ja*	*nein*
Sind Sie die Hauptbezugsperson für die Katze?	☐	☐
Sollten Sie als Single leben, haben Sie jemanden in der Familie oder im Bekanntenkreis, der sich um Ihre Katze kümmern kann, wenn Sie verreisen oder ins Krankenhaus müssen?	☐	☐
Können Sie Ihrer Katze ein artgerechtes Leben bieten? Verfügen Sie über das nötige Wissen über Katzenhaltung und -ernährung und sind Sie bereit, in Fachbüchern nachzulesen oder Experten um Rat zu fragen?	☐	☐
Lässt Ihr Beruf genügend Zeit für die Betreuung einer Katze? Dazu gehören neben Fütterung und Pflege tägliche Spiel- und Schmusestunden.	☐	☐
Sind alle im selben Haushalt lebenden Familienmitglieder mit der Katze einverstanden?	☐	☐
Werden Katzenhaare toleriert? Sollte ein Familienmitglied an einer Allergie leiden, könnte es Probleme geben.	☐	☐
Gestattet Ihr Vermieter die Haltung von Tieren in der Wohnung?	☐	☐
Sind Sie bereit, Ihre Wohnung katzengerecht zu gestalten, unter anderem auch Fenster und Balkon mit einem Sicherheitsnetz auszustatten?	☐	☐
Können Sie mit eventuellen Kratzspuren an Möbeln oder Tapeten leben?	☐	☐
Haben Sie die finanziellen Belastungen bedacht, die eine Katze mit sich bringt? Kosten für Futter, Katzenstreu, Katzenzubehör und Spielsachen, Versicherungsschutz, Tierarzt etc.	☐	☐

Konnten Sie alle Kästchen mit Ja beantworten, dann sind Sie „katzenfit". Ihre Katze wird sich glücklich schätzen, mit Ihnen ihr Revier zu teilen.

Die richtige *Wahl*

Wenn Sie sich entschlossen haben, Ihr Heim mit einer Katze zu teilen und auch den vorherigen Test zur „Katzenfitness" bestanden haben (alle Fragen wurden mit Ja beantwortet), müssen Sie sich nun entscheiden, ob es ein Katzenkind oder eine bereits ausgewachsene Katze sein soll, ob Sie lieber eine Katze oder einen Kater haben wollen und ob Sie ein Rassekätzchen oder eines ohne Stammbaum möchten.
Oftmals werden wir von Wunschbildern oder Erinnerungen geleitet. Die geliebte Katze, die uns in der Kindheit oder viele Jahre unseres Lebens begleitete, wird zur Verkörperung des idealen Gefährten. Dieses Bild ist oft ausschlaggebend bei der Wahl der neuen Katze, was Aussehen, Fellfarbe oder auch Wesenszüge betrifft. Die Neue soll am besten genauso sein.

Klein oder doch lieber groß?
Jungtiere leben sich in der Regel schneller ein. Sie sind verspielt, neugierig und besonders lernfähig. Durch ihr possierliches Aussehen und die tollpatschigen Bewegungen gewinnen sie jeden für sich. Wenn Sie berufstätig sind, sollten Sie am besten gleich zwei Kätzchen nehmen, damit sie einander tagsüber Gesellschaft leisten können. Wenn das Brüderchen oder Schwesterchen dabei ist, wird der Trennungsschmerz von der Katzenmama etwas gelindert.
Bedenken Sie allerdings auch, dass zwei Katzen ihre täglichen Spiel- und Schmusezeiten benötigen. Außerdem kommen Katzenkinder in der ersten Zeit einem 24-Stunden-Job gleich: Sie müssen häufiger gefüttert werden, sind oftmals noch nicht stubenrein und stellen mit ihrer unbändigen Unternehmungslust auch gern mal die Wohnung auf den Kopf.

Zu zweit ist alles schöner: Spielen, Raufen und Fressen.

Ausgewachsene Tiere benötigen in der Regel etwas mehr Zeit, um sich im neuen Zuhause einzugewöhnen. Katzen aus dem Tierheim sind oft durch die Hände mehrerer Besitzer gegangen und haben schlechte Erfahrungen gemacht, die teilweise noch nicht verarbeitet wurden. Oftmals sind die Tiere nicht an Artgenossen, Hunde oder Kinder gewöhnt. In diesen Fällen ist Geduld, Einfühlungsvermögen und die Unterstützung eines Tierpsychologen hilfreich. Die Vorteile, die Katzen mit einem gewissen Alter bieten, sind in der Regel Sauberkeit und Selbstständigkeit.

Katze oder Kater?

Katzen sollen angeblich kapriziös sein und Kater umgänglicher. Auf dem Geschlecht beruhende Verallgemeinerungen sollten Sie bei der Auswahl Ihres Tieres nicht berücksichtigen. Jedes Tier ist eine eigenständige Persönlichkeit, dessen Verhalten zu einem bedeutenden Anteil von der Umwelt geprägt wird. Zuneigung, Pflege und Beschäftigung spielen dabei eine besonders große Rolle. In der Paarungszeit werden nicht kastrierte Tiere jedoch oft zur Belastungsprobe für die Mensch-Tier-Beziehung. Während paarungswillige Weibchen mit lauten, durchdringenden Schreien nach einem Kater rufen, markieren liebestolle Männchen ihr Revier, wollen außer Haus und prügeln sich in der Folge mit den übrigen Männchen in der Umgebung. Eine Kastration kann hier Abhilfe schaffen und erspart Mensch und Tier eine Menge Stress.

Klasse mit Rasse ...

Wenn Sie auf ein bestimmtes Aussehen der Katze Wert legen, dann sind Sie wohl der Typ für eine Rassekatze. Durch gezielte Auswahl bestimmter Merkmale entstanden unterschiedliche Katzenrassen. Je nach Standard werden den Tieren entsprechende körperliche Merkmale und verschiedene Wesenszüge zugeordnet. So wird die Perserkatze oftmals als friedfertig und ruhig beschrieben, während man die Siamkatzen als lebhaft und aufgeschlos-

Wenn sich die Maus doch endlich mal bewegen würde!

sen bezeichnet. Rassekatzen sind nicht günstig: Je nach Rasse und gemessen an den Auszeichnungen, die die Elterntiere auf Katzenausstellungen erhalten haben, kann der Nachwuchs schon mal 1000 Euro kosten.

... oder Felix von der Wiese?

Der vermutlich größte Anteil aller Katzen sind Hauskatzen. Sie kosten in der Anschaffung weniger als eine Rassekatze. Hauskatzen stehen ihrer adeligen Verwandtschaft in nichts nach und für uns Katzenfans sind sie alle anziehend und charmant, ungeachtet ihrer Herkunft. Während die Wesensmerkmale bei Rassekatzen einigermaßen vorhersehbar sind, gleicht die Hauskatze hingegen einem Überraschungsei. Man weiß nicht, wie das Kätzchen aussehen wird und welche Charaktereigenschaften es von Mama Katze oder Papa Kater als Startkapital erhalten hat. Aber diese Ungewissheit macht sicherlich den Reiz für viele Katzenfreunde aus.

Wo gibt es die Traumkatze?

Katzen werden sowohl von Einzelpersonen als auch von Vereinen abgegeben beziehungsweise zum Kauf angeboten. Sie können Katzen aus privater Hand, aus einem Tierheim oder bei einem Züchter erwerben. Oder Sie schenken einem Findelkind oder einer Bauernhofkatze ein neues Zuhause. Alle Katzen, ob aus dem Tierheim, Haus- oder Rassekatzen, haben die gleichen Bedürfnisse und haben unseren Respekt verdient. Bedenken Sie bitte, dass auch die beste Beratung durch das Tierheim oder den Züchter keine Garantie gibt, dass das Zusammenleben mit der Katze problemlos abläuft. Jede Katze kann eine Traumkatze sein, sie hat jedoch unsere volle Aufmerksamkeit verdient!

Unter Anleitung lernt der kleine Marc, wie man behutsam mit einem Kätzchen umgeht.

WICHTIG

Keine Spontankäufe

Lassen Sie sich zu keinen Spontankäufen hinreißen, vor allem nicht bei Katzen aus privater Hand. Beobachten Sie das Tier und machen Sie sich immer ein Bild von der Haltung der Katze.

CHECK

Die Katze aus dem Tierheim

Sprechen Sie mit den Angestellten des Tierheimes über das Tier. Achten Sie darauf, wie sie über die Katze sprechen. Nachfolgende Fragen sollten Sie an das Personal des Tierheimes stellen:

- ❑ *Was ist über die Herkunft des Tieres oder die vorherigen Besitzer bekannt?*
- ❑ *Wieso und unter welchen Umständen wurde das Tier abgegeben?*
- ❑ *Ist die Katze mit Artgenossen verträglich?*
- ❑ *Ist sie an Kinder und Hunde gewöhnt?*
- ❑ *Hat das Tier Vorlieben betreffend Spielsachen oder Futter? Besteht eine Futtermittelunverträglichkeit oder benötigt das Tier eine spezielle Diät?*
- ❑ *Konnten die Betreuer Verhaltensauffälligkeiten wie aggressives oder ängstliches Verhalten beobachten?*

Eine Katze aus dem Tierheim

Wenn Sie sich entschieden haben, einer Katze aus dem Tierheim ein Zuhause zu geben, sollten sie zuerst ein detailliertes Beratungsgespräch mit den dortigen Mitarbeitern suchen. Die Erwartungen des Menschen an seinen tierischen Freund und die Eigenschaften der infrage kommenden Tiere sollten aufeinander abgestimmt werden. Ein gutes Tierheim wird Ihnen Fragen über Ihre Persönlichkeit, Lebensumstände und Erwartungen an den neuen Gefährten stellen. Mithilfe dieser Informationen kann das richtige Tier für Sie gefunden werden. Ältere Menschen, die körperliche Probleme haben, können mit jungen, übermütigen Kätzchen, die auf Schränken und Regalen auf Erkundungstour gehen, überfordert sein. Ältere Tiere oder Vertreter einer ruhigeren Katzenrasse sind oft gute Partner für Senioren.

In einem seriösen Tierheim sollten Gesundheits-Check, Impfungen und Entwurmungen durch hauseigene Tierärzte gewährleistet sein.
Bei schwierigen Tieren sollte der zukünftige Besitzer in vollem Umfang über die Problematik in Kenntnis gesetzt und aufgeklärt werden.
Bedenken Sie bei der Beurteilung der Katze, dass sie schon mindestens drei Tage im Tierheim sein sollte. Neuankömmlinge durchlaufen eine Eingewöhnungsphase und können daher andere Verhaltensweisen zeigen als sonst. Für den Notfall sollten Sie ein Rückgaberecht des Tieres vereinbaren. Es kann durchaus sein, dass eine Katze sich mit einer bereits im Haushalt lebenden Katze nicht verträgt. Dies kommt vor, wenn eines der beiden Tiere in der frühen Jugend keinen ausreichenden Kontakt zu Artgenossen hatte.

Katze mit Stammbaum

Rassekatzen werden in drei große Gruppen eingeteilt: in Langhaar-, Halblanghaar- und Kurzhaarkatzen. Zu den Langhaarkatzen zählen nur die Perser. Eine typische Vertreterin der Halblanghaarkatzen ist die Maine Coon, die Siam gehört zu den Kurzhaarrassen. Je nach Standard schreibt man Rassekatzen ein entsprechendes Aussehen und bestimmte Wesenszüge zu. So werden die Perser und Britisch Kurzhaaar oftmals als friedfertig und ruhig beschrieben, während man Siam, Burma und Co. als lebhaft und aufgeschlossen bezeichnet.
Wenn Sie eine Rassekatze kaufen wollen, sollten Sie sich an qualifizierte Züchter wenden. Sie gehören einem anerkannten Rassezuchtverein an, kennen die Eigenarten der Rasse und wissen über ihre Tiere sehr gut Bescheid.

Liebenswert, ob mit oder ohne Stammbaum.

CHECK

Basics für Stubentiger

Zur artgerechten Katzenhaltung benötigen Sie auch die passende Grundausstattung. Nachfolgend eine Liste der Basics, die Ihr Stubentiger benötigen wird:

- ☐ *Futter- und Wassernapf*
- ☐ *Katzenbaum und Kratzbrett*
- ☐ *Katzentoiletten inklusive Einstreu*
- ☐ *Pflegeutensilien (Bürste, Kamm)*
- ☐ *Schlafplatz (Kissen und Decke)*
- ☐ *Spielzeug*
- ☐ *Transportbox*

Züchterplus

Auf folgende Punkte sollten Sie achten, wenn Sie eine Rassekatze bei einem Züchter erwerben:

Familienanschluss Katzen leben und wachsen in der Familie des Züchters auf. Dieser hat sich auf ein oder zwei Rassen spezialisiert und hält eine begrenzte Anzahl von Tieren, der Größe und Ausstattung der Zuchtstätte entsprechend.

Umfeld Die Tiere leben in einer katzengerechten Umgebung. Die Schlafplätze, Katzentoiletten und Fütterungsplätze sind sauber.

Gesundheit Die Kätzchen machen einen gesunden und lebhaften Eindruck. Selbstverständlich sind sie geimpft und entwurmt.

Kompetenz Sie dürfen Ihr Kätzchen bereits vor dem Abholtermin kennen lernen. Das Katzenkind wird erst mit zwölf Wochen von der Mama und den Geschwisterchen getrennt. Der Züchter geht auf Ihre Fragen und Probleme ein und hat auch nach dem Kauf der Katze ein offenes Ohr für Sie.

Kaufvertrag Ein Kaufvertrag ist für Rassekatzen unbedingt erforderlich! Meistens verwenden die Züchter Vordrucke, die die Zuchtvereine zur Verfügung stellen. Beim Kaufabschluss erhalten Sie auch den Zuchtnachweis Ihrer Katze. Den Auszug aus dem Zuchtbuch oder Zuchtregister des Vereins nennt man auch Stammbaum. Darin sind Rasse, Geschlecht, Farbe, Geburtsdatum, Registriernummer, Zwinger- und Eigenname sowie die Vorfahren eingetragen.

Bald ist es so weit!

Wenn Sie eine Katze ausgewählt haben, sind noch einige Vorbereitungen notwendig, um dem neuen Familienmitglied einen optimalen Start zu ermöglichen. Mit Ungeduld wird die Ankunft dieses faszinierenden Lebewesens erwartet, das die Menschheit schon so lange Zeit begleitet.

Erstausstattung

Viele zukünftige Katzenbesitzer stürzen sich ins Kaufgetümmel, damit es ihrer Samtpfote an nichts mangelt. Schlafhöhle, Katzentoiletten, Katzenbaum, Futter und Wassernapf, Transportbox, Spielsachen und diverse Pflegeutensilien benötigen Sie als Grundausstattung.

Damit sich das Tier leichter bei Ihnen einleben kann und an Selbstbewusstsein gewinnt, sollte Ihre Wohnung bereits katzengerecht eingerichtet sein, bevor das neue Familienmitglied einzieht. Doch die Auswahl der Ausstattung fällt gar nicht so leicht, da es im Fachhandel ein riesiges Angebot gibt. Manche Sachen wurden mit Freude von ihren Besitzern gekauft, während die Katze die gut gemeinten Geschenke verschmähte.

Bedenken Sie bitte auch, dass Sie die optimale Ernährung für Ihr Tier besorgen. Katzen müssen entsprechend den Bedürfnissen der unterschiedlichen Lebensphasen ernährt werden. Das heißt, ein Kätzchen soll eine andere Nahrung erhalten als eine ausgewachsene beziehungsweise ältere oder kranke Katze!

Katzen mögen es nicht, wenn Futter- und Wassernapf unmittelbar nebeneinander stehen.

Futter- und Wassernapf

Modelle gibt es aus Edelstahl, Kunststoff oder Keramik. Wichtig ist, dass der Napf standsicher und gut zu reinigen ist. Ein Gummirand am Napf oder eine untergelegte Gummimatte verhindern, dass Mieze beim Fressen quer durch den Raum wandert. Suchen Sie für den Futternapf eine ruhige Ecke aus, in der Ihre Katze ungestört fressen kann. Die Wasserschüssel sollte mindestens ein bis zwei Meter vom Futternapf entfernt stehen. Wenn Sie zwei Tiere haben, sollte für jede Katze ein eigener Futternapf zur Verfügung stehen, damit es nicht zu Streitereien um die besten Leckerbissen kommen kann.

Je abwechslungsreicher die Wohnung für die Katze gestaltet wird, desto wohler fühlt sich Mieze.

Kratzbaum und Kratzbrett

Der Katzenbaum ist für die Katze Spielplatz, Klettergerät, Aussichtsturm und Liegestelle. Achten Sie darauf, dass Sie einen Kratzbaum auswählen, der mehrere Etagen hat, und der Katze von oben einen guten Überblick über das Revier bietet. Wenn Sie den Baum an das Fenster stellen, vergrößern Sie das Revier visuell: Ihre Katze kann nun auch die Außenwelt im Auge behalten.

Wichtig ist, dass der Kratzbaum über eine große Standfläche und gute Statik verfügt, damit er nicht wackelt oder gar umkippt, wenn die Katze an ihm hochklettert oder sich akrobatischen Übungen hingibt. Sisalumwickelte Stämme bieten sich zum Krallenschärfen an. Zusätzlich sollten Sie Ihrer Katze auch andere Kratzmöglichkeiten wie Kratzbretter anbieten. Nur so können Sie sicher sein, dass Sofa und Teppiche von den Krallen verschont bleiben.

Katzentoilette und Einstreu

Katzen setzen in freier Natur Kot und Urin nie an der selben Stelle ab und halten dabei einen Abstand von ein bis zwanzig Metern ein. Um einer artgerechten Haltung zu entsprechen, sollten einer Wohnungskatze daher zwei Katzentoiletten zur Verfügung stehen. Bei mehreren Tieren sollte für jedes Tier eine Toilette bereitstehen. Katzen sind sehr anspruchsvoll, was das „stille Örtchen" betrifft. Die Anzahl der Toiletten, die Standorte, die Einstreu, die Reinigung, ja auch das Toilettenmodell sind entscheidend, ob Mieze „stubenrein" bleibt.

Pflegeutensilien

Haben Sie sich für eine Langhaar- oder Halblanghaarkatze entschieden, benötigen Sie einen Kamm oder eine Bürste für die tägliche Fellpflege. Aber auch Kurzhaarrassen lieben es, mit einem Noppenhandschuh gebürstet zu werden. Zudem stärkt das tägliche Bürsten die Bindung zwischen Ihnen und Ihrer Katze.

Schlafplatz und Ruhebereich

Katze lieben kuschelige, warme Schlafplätze, auf denen sie entspannt vor sich hindösen können. Der Ruhebereich ist für die Katze von großer Bedeutung, denn er befindet sich im Mittelpunkt ihres Heimbereichs und ist ihr Zufluchtsort. Ihre Katze sollte sich jederzeit zurückziehen können, wenn sie das Bedürfnis hat, und wissen, dass ihr Rückzugsbereich von Mensch und Hund respektiert wird.
Es gibt eine Vielzahl von Katzenschlafplätzen: von Liegekissen mit Styroporkügelchenfüllung über Plüschhöhlen und -häuschen bis zu Weidenkörbchen.

Bieten Sie Ihrer Katze mehrere Schlafplätze an, auch wenn Mieze meistens ihre eigenen Vorstellungen hat, und manchmal einen Karton mit Kuscheldecke der teuren Plüschhöhle vorzieht.
Achten Sie jedoch darauf, dass der Platz vor Zugluft geschützt ist, und auch einen Kälteschutz vor Steinböden und Fliesen bietet. Die Katze sollte sich bequem ausstrecken können. Eine Decke oder ein Kissen machen die Schlafstätte wohlig warm. Waschbare Bezüge erleichtern Ihnen die Reinigung.

Hier bin ich mit meinem Mäuschen in Sicherheit und kann beobachten, was die da unten so treiben.

TIPP

Einmal Bett, immer Bett

Wenn Sie Ihrer Katze einmal erlauben, in Ihrem Bett zu schlafen, wird sie Ihr Recht auch in Zukunft einfordern. Sind Ihnen Katzenhaare im Bett und nächtliche Ruhestörungen zuwider, darf die Katze von Anfang an nicht ins Bett.

CHECK

Katzenklo-Guide

- ***Standorte müssen sorgfältig ausgewählt werden!***
Bevorzugt werden Plätze, die der Katze eine gewisse Privatsphäre zugestehen. Belebte Stellen in der Wohnung mit „Durchgangsverkehr“ sind bei Katzen nicht beliebt. Da frei laufende Katzen niemals ihre Schlaf- oder Futterplätze mit Urin und/oder Kot beschmutzen, sollten die Katzentoiletten nie neben dem Futter-, Trink- oder Schlafplatz aufgestellt werden.
Die Katzentoiletten sollten für die Tiere leicht und jederzeit zugänglich sein. Steht das Katzenklo im Badezimmer, müssen Sie darauf achten, dass die Tür immer einen Spalt geöffnet ist. Haben Sie ein Haus, dann sollten Sie in jedem Stockwerk eine Toilette aufstellen. Katzen stellen eine Art Kosten-Nutzen-Rechnung auf und benutzen die Toilette, die leichter erreichbar ist. Wenn Sie die Toilette auf den Dachboden oder in den hintersten Winkel des Kellers verbannen, dann wird sie sich einen leichter zugänglichen Platz suchen, und das könnte auch der Wohnzimmerteppich sein.

- ***Je größer, umso komfortabler!***
Auf jeden Fall sollten Sie eine Mindestgröße von 40x50 cm einhalten. Toiletten in Form eines Dreiecks passen zwar schön in Zimmerecken, sind jedoch meistens zu klein und daher ungeeignet.

- ***Niedriger Aufsatzrand oder Toilettenaufsatzhaube***
Ein kleiner Aufsatzrand verhindert, dass die Einstreu beim Graben in der Umgebung verstreut wird. Der Rand wie auch die Aufsatzhaube muss mit dem unteren Behältnis der Katzentoilette dicht abschließen. Die Höhe des Aufsatzes muss so gewählt werden, dass die Katze leicht eine aufrechte Hockhaltung einnehmen kann, ohne sich den Kopf zu stoßen.
Viele Tiere kommen problemlos mit dem Aufsatz zurecht, wenn das Lebensumfeld der Katze in Ordnung ist, und der Tierhalter die Hygieneregeln einhält. Für empfindliche Katzennasen kann jedoch der Geruch, der sich unter der Toilettenhaube konzentriert, so zur Belästigung werden, dass sie ab sofort die Benutzung der Toilette ablehnt.

- ***Sonderfall Tür***
  Katzen mögen meist keine Schwingtüren an Katzentoiletten mit Aufsatzhaube. Sie können Schwierigkeiten vermeiden, wenn sie diese Tür aushängen und der Katze so ungehinderten Zugang verschaffen. Es kann vor allem bei der Mehrkatzenhaltung vorkommen, dass eine Katze gerade durch die Tür möchte, während eine andere ihr Geschäft erledigt.

- ***Einstreu: die Qual der Wahl***
  Klumpstreu aus saugfähigem Tonmaterial, Silikatstreu, die in vielen mikroskopisch kleinen Hohlräumen große Flüssigkeitsmengen aufnehmen kann, oder nicht klumpende Streu aus Quarz- oder Sandgranulat? Im Endeffekt entscheidet die Katze, welche Einstreu sie bevorzugt. Sie können das ganz leicht herausfinden: Füllen Sie in eine Katzentoilette die Einstreu A, in die andere die Einstreu B. Ihre Katze wird das Katzenklo mit der bevorzugten Einstreu häufiger benutzen. Hat Ihre Katze sich für ein Lieblingsprodukt entschieden, sollten Sie keine Experimente starten. Sie könnten sich sonst ein eventuelles Unsauberkeitsproblem einhandeln, wenn die Katze die Toilette aufgrund der Einstreu nicht mehr verwendet.
  Da Katzen gern in der Einstreu scharren, sollte die Streuhöhe ungefähr 7 cm betragen.

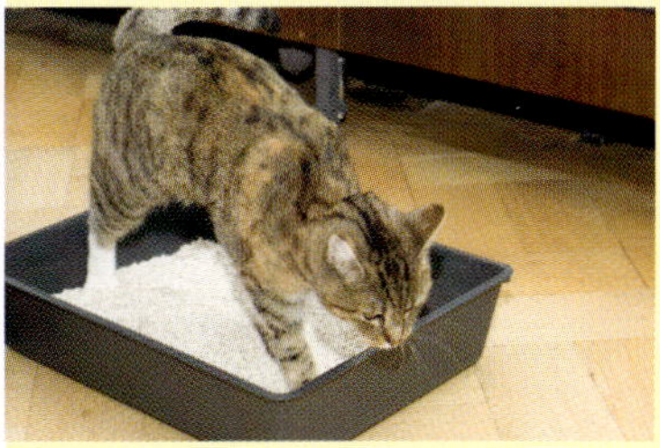

- ***Reinigung***
  Katzen haben empfindliche Nasen und legen größten Wert auf eine gereinigte Katzentoilette. Entfernen Sie ein- bis zweimal täglich die verschmutzte Einstreu, die gesamte Katzentoilette wird wöchentlich komplett entleert und mit warmen Wasser und einem milden Reinigungsmittel gesäubert. Verwenden Sie keine scharf riechenden Reinigungs- oder Desinfektionsmittel, denn sie beleidigen die empfindliche Katzennase und machen die Toilette zum Sperrgebiet.

Sie bewegt sich, sie bewegt sich nicht. Wenn mein Mensch das Mäuschen doch mal anstupsen könnte.

Spielzeug

Alle Katzen spielen gern, und im Fachhandel gibt es große Auswahl an katzengerechten Spielsachen. Aber auch einfache Dinge aus dem Haushalt, wie leere Zwirnrollen oder Papierbälle, können unsere Samtpfoten eine Zeit lang beschäftigen. Vorsicht ist bei Gummibändern und auch bei kleinen Teilen geboten, die die Katze leicht verschlucken kann. Zu den bevorzugten Spielpartnern gehört sicherlich der Mensch.

Transportbox

Für Reisen und auch für Tierarztbesuche benötigen Sie eine stabile und pflegeleichte Transportbox. Es gibt Kunststoffbehälter, Tragetaschen oder Weidenkörbe. Wählen Sie eine Transportbox, die sich oben öffnen lässt, oder eine, wo der obere Teil einfach abgenommen werden kann. Das ist wichtig, sollte sich die Katze weigern, beim Tierarzt aus der Box herauszukommen.

Wenn Sie den Kennel – so wird die Transportbox unter Katzenprofis genannt – in der Wohnung frei zugänglich stehen lassen, kann sich die Katze an ihn gewöhnen. So wird die Transportbox nicht zum gehassten Objekt, das nur zum Vorschein kommt, wenn es zum Tierarzt geht.

Katzensichere Wohnung

Katzen sind neugierig und bei ihren regelmäßigen Streifzügen durch die Wohnung gibt es viel zu entdecken. Da unsere Stubentiger mögliche Gefahrenquellen nicht abschätzen können, muss der Katzenhalter diesbezügliche Vorsorge treffen. „Augen auf" heißt es nicht nur bei ausgewachsenen Tieren, sondern auch bei kleinen Kätzchen, die im jugendlichen Übermut schnell in brenzlige Situationen geraten.

Kleine Kätzchen sollten Sie, wie Kleinkinder auch, nicht aus den Augen lassen. Schnell schaukelt Klein Mieze an den Vorhängen, versucht in der mit Wasser gefüllten Badewanne zu tauchen oder einen Balanceakt auf dem Treppengeländer hinzulegen.

Gefahrenzone Küche

Die Küche ist ein Magnet für Vierbeiner, da das der Raum ist, in dem die meisten Katzen ihre Futter- und Wasserschüssel stehen haben. Wenn es aus der Küche verführerisch duftet, versucht so mancher Stubentiger ein Stück Festtagsbraten und andere Leckereien abzustauben. Unsere Speisen sind jedoch meistens nicht für unsere Vierbeiner geeignet. Vor allem salzige, stark gewürzte Gerichte können der Katze große gesundheitliche Beschwerden bereiten. Während wir höchstens zunehmen, wenn wir Schokolade essen, kann der Schokogenuss für Katzen lebensbedrohend sein. Auch Alkohol und Küchenabfälle wie Fischgräten und Hühnerknochen sind nichts für Katzen. Achten Sie daher darauf, dass der Abfalleimer immer gut verschlossen ist und Mieze sich nicht selbst bedienen kann. Wenn Sie gerade kochen und die Herdplatten oder Kochfelder in Betrieb sind, hat Ihre Katze nichts in der Küche verloren. Zu hoch ist das Risiko, dass sich Ihr Stubentiger die Pfoten verbrennt. Gerade bei Elektroherden ist es für das Tier nicht ersichtlich, ob die Herdplatte heiß ist. Auch an der Sohle des sich im Gebrauch befindlichen Bügeleisens kann sich die Katze schwere Verbrennungen zuziehen. Schnell springt der Stubentiger auf das Bügelbrett, um an der frischen Wäsche zu riechen oder dieses seltsame dampfende Ding zu erkunden.

Katzen haben auf Küchenzeilen nichts verloren, auch wenn sie das oft anders sehen.

„Messer, Nadel, Schere, Licht ...
... ist für kleine Katzen nicht". Kaum ein Tier ist neugieriger als eine Katze. Und da alles im Revier erkundet werden muss, sollten Sie mit spitzen und scharfen Gegenständen besonders vorsichtig sein und diese sofort nach Gebrauch wegräumen. Aber auch Kleinteile, wie Gummiringe, Knöpfe oder Haarnadeln, verleiten Mieze zum Spielen und sind im Eifer des Gefechts schnell verschluckt. Sie führen im Magen-Darm-Trakt zu gesundheitlichen Problemen bis hin zum Darmverschluss.
Brennende Kerzen dürfen niemals unbeaufsichtigt bleiben, da offenes Feuer ebenso anziehend wie gefährlich für Katzen ist.
Unsachgemäß oder nicht in Kabelkanäle verlegte Stromkabel oder -leitungen sind gerade bei jungen Kätzchen beliebt, lässt es sich doch so herrlich auf den weichen „Plastikschlangen" herumkauen.

Vorsicht, giftig!
Putz- und Reinigungsmittel, Waschmittel, Chemikalien, Lacke, Sprays sowie Medikamente (Aspirin ist für Katzen zum Beispiel hochgiftig) gehören für Kinder und Katzen unter Verschluss.

Besondere Vorsicht ist geboten, wenn Sie Böden mit diversen chemischen Mitteln behandelt haben. Läuft Ihr Stubentiger über den noch nicht trockenen Boden, kann etwas von der Reinigungssubstanz an den Pfoten hängen bleiben oder ins Fell geraten. Bei der Körperpflege nimmt die Katze das Mittel mit der Zunge auf und kann sich dabei vergiften. Auch eine Reihe von Zimmer- und Gartenpflanzen sind für Katzen giftig und sollten daher zum Wohl des Tieres aus der Wohnung verbannt werden.

Höhlen und Aussichtswarten
Zu den Grundbedürfnissen der Katze gehört, sich verstecken zu können und das Revier zu überblicken. Daher üben dunkle Höhlen ebenso wie erhöhte Positionen eine große Anziehungskraft auf Katzen aus. In der menschlichen Wohnung lässt es sich herrlich verstecken, doch so mancher vermeintlich kuscheliger Schlupfwinkel entpuppt sich als äußerst gefährlich. Besonders beliebt sind Taschen zum Verkriechen. Handelt es sich jedoch um Plastiktüten, besteht die Gefahr, dass sich die Katze in ihr verheddert und eventuell erstickt. Ihrer Katze und auch der Umwelt zuliebe sollten Sie daher Papiertüten oder Einkaufstaschen aus Stoff verwenden.
Auch Kleiderschränke oder Schubladen können zur Falle werden, vor allem, wenn die Katze darin eingeschlossen wird und Frauchen oder Herrchen für längere Zeit das Haus verlässt.

TIPP

Anzeichen von Vergiftungen
Vergiftungsanzeichen können sein: starkes Speicheln, Erbrechen, Krämpfe, Durchfall, Apathie, Bewusstlosigkeit. In allen Fällen sollten Sie sofort den Tierarzt aufsuchen.

Katzen betrachten gern die Welt von einem schönen Aussichtspunkt aus.

Kontrollieren Sie vor jedem Waschgang die Waschmaschine beziehungsweise den Wäschetrockner, ob Mieze nicht gerade dieses Versteck für ein Nickerchen auserkoren hat. Vom Balkon oder vom offenen Fenster lässt sich die Aussicht richtig gut genießen, aber nur, wenn ein Katzennetz zur Sicherheit gespannt wurde. Auch meisterhafte Akrobaten wie die Katze können beim Balanceakt in luftiger Höhe durch einen vorbeifliegenden Vogel abgelenkt werden. Stürze in die Tiefe enden meistens mit katastrophalen Folgen. Besonders gefährlich sind ungesicherte Kippfenster. Durch den geöffneten Spalt versucht so mancher Katzenausreißer ins Freie zu gelangen und bleibt darin hängen. Beim Versuch, sich zu befreien, rutscht das Tier nach unten und wird in dem sich verjüngenden Fensterspalt eingeklemmt. Nicht nur Fenster sollten Sie mit einer Kippfenstersicherung versehen, sondern auch Türen im Wohnungsbereich durch Türstopper fixieren.

TIPP

Gefährliche Pflanzen

- *Adlerfarn, Alpenrose, Alpenveilchen, Azalee*
- *Becherprimel, Buchsbaum, Buschwindröschen*
- *Christrose*
- *Dieffenbachie*
- *Efeu, Eisenhut*
- *Fensterblatt, Feuerbohne, Fingerhut*
- *Ginster, Goldregen, Gummibaum*
- *Herbstzeitlose, Hortensie, Hyazinthe*
- *Kalla, Kartoffelkraut, Korallenbäumchen*
- *Leberblümchen, Lorbeer, Lupine*
- *Maiglöckchen, Mistel*
- *Narzisse*
- *Oleander*
- *Pfaffenhütchen, Philodendron, Primel*
- *Rhododendron, Rittersporn, Rizinus, Robinie*
- *Tabak, Tanne, Tollkirsche, Tomate, Tulpe*
- *Wacholder, Weihnachtsstern, Wiesenküchenschelle, Wurmfarn*
- *Zwergholunder*

Fragen Sie Ihren Blumenhändler vor dem Kauf einer Pflanze um Rat, ob die Pflanze für Katzen giftig ist. Auch Glanzsprays für Pflanzenblätter sind gefährlich. Die Liste der oben angeführten für Katzen giftigen Pflanzen erhebt keinen Anspruch auf Vollständigkeit.

Zu zweit macht es viel mehr Spaß als allein.

Hallo Katze!

Endlich ist es so weit, das Warten hat ein Ende, und alles ist schon für die Ankunft des neuen Familienmitgliedes vorbereitet. Wenn Sie das Kätzchen vom Züchter oder die Katze aus dem Tierheim abholen, ist es ratsam, dass Sie in Begleitung fahren. Dann kann sich einer um die Katze kümmern und ihr beruhigend zureden, während der andere fährt. Aus Sicherheitsgründen sollten Sie die Katze immer in einer Transportbox befördern. Legen Sie den Korb oder die Box mit einer weichen und waschbaren Unterlage oder Decke aus, damit sich die Katze wohler fühlt.

Bei niedrigen Außentemperaturen sollten Sie die Heizung im Fahrzeug einschalten. Herrschen sommerliche Temperaturen, sollte die Katze nicht in der Zugluft sitzen.

Sowohl für ein Kätzchen als auch eine ausgewachsene Katze ist die Ankunft im neuen Heim ein einschneidendes Erlebnis. Das Kätzchen wird von der Mutter und seinen Geschwisterchen getrennt und muss sich auf eine neue Umgebung einstellen. Wenn Sie eine Katze aus dem Tierheim nehmen, ist das eine große Veränderung für das Tier. Vielleicht hatte sie schon mehrere Familien und hofft auf ein besseres Leben und auf neue liebevolle Menschen. Nehmen Sie die Katze am besten am Wochenende zu sich und hängen Sie noch ein paar Tage Urlaub dran. Dann können Sie sich uneingeschränkt um den Neuankömmling kümmern und die Eingewöhnung geht schneller vonstatten.

Die ersten Stunden

Die Trennung von der Katzenfamilie, das Verlassen der bisher gewohnten Umgebung und die Autofahrt: Das alles bedeutet Stress für Ihre Katze. Daher sollten Sie ihr bei der Ankunft im neuen Zuhause Ruhe gönnen. Verständlicherweise ist die ganze Familie auf den Neuankömmling gespannt, doch zügeln Sie anfänglich ihre Neugier. Katzen bekommen Angst, wenn zu viele Menschenhände nach ihnen greifen und sie hochheben wollen. In den ersten Stunden, manchmal auch Tagen, sollten Sie Wasser- und Futternapf sowie eine Katzentoilette in einem „Empfangszimmer" aufstellen.

Je nachdem, wie schnell sich das Tier einlebt, können Sie die Näpfe und die Katzentoilette bald an die dafür vorgesehenen Plätze stellen. Endlich zu Hause, öffnen Sie die Tür des Transportkorbs. Lassen Sie der Katze Zeit. Sie soll den ersten Schritt machen und entscheiden können, wann sie die Box verlässt. Katzen verabscheuen jede Art von Zwang. Wenn Sie sie gegen ihren Willen aus dem Korb heben, wird es erheblich länger dauern, bis sie Ihnen vertraut. Verlassen Sie nun das Zimmer und geben Sie Ihrer Katze Zeit, langsam ihre neue Katzenwelt zu erkunden. Kleine Kätzchen halten meistens noch ein Schläfchen, bevor sie sich neugierig auf Entdeckungstour wagen. Ältere Tiere benötigen oft etwas mehr Zeit und vergrößern ihren Aktionsradius nur nach und nach.

Der Kennenlern-Knigge

Kontaktaufnahme In Katzenkreisen bestimmen die Katzen, wann und zu welchem Artgenossen sie Kontakt aufnehmen. So ist es auch in der Mensch-Tier-Beziehung: Lassen Sie Ihre Katze entscheiden, wann sie zu Ihnen kommen möchte.

Niemals von oben herab Für Kätzchen und Katzen wirken Menschen riesig. Ein plötzlicher Griff von oben erschreckt das Tier. Gehen Sie daher in die Knie und begeben Sie sich auf Augenhöhe. Strecken Sie ihr die Hand hin und lassen Sie sie schnuppern. Weicht die Katze nicht zurück und signalisiert durch Mimik und Gestik ihr Einverständnis, dürfen Sie ihr sanft über Kopf und Rücken streicheln.

Aus einem Versteck lässt sich die neue Familie gut beobachten.

Kuscheltiger Wenn Ihrer Katze gerade nach Kuscheln zumute ist, können Sie Ihren Schmusetiger auf den Arm nehmen.

Freundliches Zwinkern Wenn Sie Ihrer Samtpfote in die Augen schauen, sollten Sie ein wenig blinzeln, denn das kommt einem Lächeln gleich. Wenn Sie Ihre Katze anstarren, wird das als Bedrohung aufgefasst.

Spielstunde Wollen Sie Ihre Katze aus der Reserve locken, sollten Sie ihr ein Spiel anbieten. Lassen Sie Bällchen über den Boden rollen oder befestigen Sie eine Spielmaus an einer Kordel und ziehen Sie diese hinter sich her. Ihr Jäger wird bestimmt sofort anbeißen.

TIPP

So heben Sie eine Katze richtig hoch

Schieben Sie eine Hand hinter die Vorderbeine der Katze, sodass Sie ihren Brustkorb halten. Die zweite Hand stützt den Po ab. Wird das Tier unruhig, setzen Sie es bitte wieder sanft auf den Boden.

Auf dem Arm ihres Menschen fühlt sie sich wohl und hat eine herrliche Aussicht.

Eine Katze ist schon da

Sie haben sich entschlossen, Ihrer bereits im Haushalt lebenden Katze einen Artgenossen dazuzugesellen. Gratulation! Es geht nichts über Gesellschaft. Und das Katzenleben ist zu zweit abwechslungsreicher, vor allem, wenn Frauchen oder Herrchen den ganzen Tag außer Haus sind. Voraussetzung für eine Zweitkatze ist, dass beide Tiere dem sozialen Typ entsprechen und in ihrer Jugendzeit ausreichend Kontakt zu Artgenossen hatten.

Bei Katzen ist Toleranz ausschlaggebend. Handelt es sich bei einem der Tiere um einen Einzelgänger, der die Anwesenheit einer anderen Katze nicht akzeptiert, kann es zu schweren Auseinandersetzungen kommen, die nur schwer bis gar nicht beizulegen sind.
Am einfachsten lassen sich gleichaltrige Kätzchen beziehungsweise Kätzchen mit minimalem Altersunterschied aneinander gewöhnen. Gemeinsame Aktivitäten, wie durch die Wohnung toben oder nebeneinander im Katzenkorb kuscheln, verbinden und machen die beiden schnell zum Team. Viele erwachsene Katzen akzeptieren ein Kätzchen problemloser, da sie sich nicht in der Rangordnung bedroht fühlen.

TIPP

Einzelgänger oder geselliger Artgenosse?
Das Bedürfnis nach Geselligkeit ist von Katze zu Katze verschieden und von Erfahrungswerten abhängig. Werden Katzen nicht von klein auf an Artgenossen gewöhnt, entwickeln sie sich zu grieskrämigen Einzelgängern.

Taktiken für die erste Begegnung

Nr. 1 bleibt Nr. 1 Die Katze, die zuerst im Haus war, hat die älteren Rechte. Missachten Sie das, und bevorzugen Sie den Neuankömmling, sind Eifersuchtsreaktionen vorprogrammiert.

Schön langsam! Lassen Sie die beiden Tiere zu Hause getrennte Wege gehen und versuchen Sie nicht, einen ersten Kontakt zu erzwingen. Rückzugsmöglichkeiten bieten Sicherheit und lassen einander aus der Entfernung betrachten.

Gemeinsamer Geruch verbindet
Reiben Sie die neue Katze mit der Lieblingsdecke Ihrer alteingesessenen Katze ab, wenn Sie sie abholen. Dadurch nimmt der Neuankömmling einen für Ihre Katze bereits vertrauten Geruch an.

Alles doppelt Jede Katze hat Anspruch auf ihre eigene Infrastruktur, also auf einen eigenen Futternapf und einen persönlichen Schlafplatz. Bei zwei Tieren sollten Sie auf jeden Fall auch zwei Katzentoiletten haben (siehe auch Katzenklo-Guide auf Seite 44/45).
Der Kratzbaum sollte über mehrere Liegeflächen verfügen und wird somit zur neutralen Zone. Mehrere Spielmäuschen verhindern Mäuse-Kidnapping durch den Artgenossen und darauf folgenden Streit.

Ein zärtliches Köpfchengeben besiegelt die Katzenfreundschaft.

Mit guten Freunden teilt man auch schon mal eine Mahlzeit.

Mieze & Co.

Die gemeinsame Haltung von Katzen und anderen Haustieren kann wunderbar funktionieren und für Mensch und Tier eine Bereicherung darstellen.

Freunde oder Feinde fürs Leben?
Gerade Hund und Katze haben durch ihre Anpassungsfähigkeit Einzug in den privaten Lebensbereich des Menschen erhalten und sich zu unseren engsten vierbeinigen Gefährten entwickelt. Der Mensch wurde zum Bindeglied zwischen zwei Tierarten, die bei einem Leben in freier Natur kaum aneinander Anschluss finden würden. Während die Aktivitäten des Hundes größtenteils tagsüber stattfinden, ist die Katze dämmerungs- und nachtaktiv. Bei Hunden spielt das gemeinschaftliche Gruppenverhalten eine wesentliche Rolle, bei unseren Zimmertigern hingegen ist das Bedürfnis nach Geselligkeit von Tier zu Tier verschieden. Und so verwundert es nicht, dass man Katzen sowohl als Einzelgänger als auch in Katzengruppen vorfindet. Trotz der Unterschiede können Hund und Katze wunderbare Freunde werden.

Die erste Begegnung
Die Entscheidung über ein harmonisches Zusammenleben fällt bereits bei der ersten Begegnung zwischen Hund und Katze. Während Hunde in der Regel neugierig auf Artgenossen, Menschen und andere Tiere zugehen, übt sich die Katze in höflicher Zurückhaltung und kann aufdringliche Annäherungsversuche überhaupt nicht leiden. Rückzugsmöglichkeiten, in Form eines Katzenbaumes, eines Schrankes oder eines Wandregals, auf das die Katze fliehen kann, kommen ihrem Sicherheitsbedürfnis nach. Von dort aus kann sie den Hund aus sicherer Entfernung beobachten.

Stress überträgt sich
Stress und Nervosität des Tierhalters übertragen sich auf die Tiere und verhindern jede Annäherung. Bleiben Sie also ruhig und gelassen! Das Tempo wird übrigens immer durch die Tiere bestimmt. Die ersten Begegnungen sollten sicherheitshalber immer unter Aufsicht stattfinden. Lassen Sie die Tiere erst nach einer Eingewöhnungszeit miteinander allein, wenn sie sich akzeptiert haben.

So verläuft die Eingewöhnung leichter
Je mehr Erfahrungen Katzen- und Hundewelpen während ihrer Prägungsphase mit der jeweils anderen Tierart machen konnten, desto aufgeschlossener werden Katze und Hund einander begegnen. Die Annäherung von Jungtieren verläuft

daher in der Regel einfacher, als jene von erwachsenen Tieren, die in ihrer Jugend nicht ausreichend Kontakt miteinander hatten oder schlechte Erfahrungen gemacht haben. Auch Temperament, Charakterzüge und Alter der Tiere haben einen bedeutenden Einfluss.

nur dann eingreifen, wenn für eines der beiden Tiere Verletzungsgefahr durch Bisse oder Kratzer besteht. Last, but not least, ist Geduld und Einfühlungsvermögen des Tierhalters gefragt, denn auch Tierfreundschaften benötigen Zeit, um wachsen zu können.

Mieze schaut so streng. Wenn sie sich putzt, möchte sie nicht gestört werden.

Ein älterer Hund kann mit einem jungen Kätzchen, das ihm sprichwörtlich auf der Nase herumtanzt, überfordert sein.
Verfügen Hund und Katze über ihren eigenen „Besitz“, lassen sich Konkurrenzsituationen um Futterschüsseln, Schlafplätze und Spielzeug vermeiden. Rivalitäten können aber auch um die menschliche Zuneigung entstehen, daher sollte der Neuankömmling auf keinen Fall gegenüber dem alteingesessenen Tier bevorzugt werden. Bei Streitereien zwischen Hund und Katze sollte der Mensch

Verständigungsschwierigkeiten

Rückenlage Eine Katze, die sich beim Kampf auf den Rücken legt, hat alle vier Pfoten und Krallen frei, um sich zu verteidigen. Ein auf dem Rücken liegender Hund signalisiert seinem Gegner mit dieser Pose, dass er sich unterwirft.

Erhobene Pfoten Während eine gehobene Vorderpfote bei der Katze anzeigt, dass es gleich einen Prankenhieb setzen wird, drückt der Hund mit dieser Geste aus, dass er ein freundlicher Kerl ist.

Schwanzwedeln Wedelt die Katze mit dem Schwanz, bedeutet das, dass sie angriffsbereit ist, beim Hund ist es oft ein freundliches Zeichen. (Das Schwanzwedeln allein reicht nicht aus, um den Gemütszustand zu ermitteln. Achten Sie auch auf die restliche Körperhaltung.)

Fremdsprachen lernen Anfänglich haben Hund und Katze aufgrund ihrer unterschiedlichen Körpersprache einige Kommunikationsprobleme. Ist die fremde Sprache allerdings erst einmal erlernt, steht einer lebenslangen Freundschaft meistens nichts mehr im Weg.

Katzen und Kleintiere

So verschmust Katzen ihren Menschen gegenüber sein können: dennoch bleiben sie Raubtiere, die für die Jagd geschaffen sind.

Während dieser Hund freundlich seinen Bauch präsentiert, begibt sich die Kampfkatze in diese Position, um alle vier Pfoten samt Krallen einsetzen zu können.

Hamster, Ratten, Mäuse, Meerschweinchen oder Kaninchen passen in das Beuteschema der Katze. Für Nagetiere bedeutet der Anblick eines Raubtieres Stress, auch wenn die Gitterstäbe des Käfigs schützend zwischen ihnen und der Katze stehen. Von klein auf und mit viel Geduld ist es zwar möglich, manche Katzen an kleine Heimtiere zu gewöhnen, sodass sie sich frei in der Wohnung bewegen können.

Gelegenheit macht Diebe

Im Auge behalten sollten Sie Ihre Katze jedoch immer. Denn alles, was die passende Beutegröße hat und sich bewegt, kann schnell dem Jagdtrieb zum Opfer fallen. Gefährdet sind auch unsere gefiederten Freunde, die zum eigenen Schutz lieber im Vogelkäfig bleiben sollten. Haben die Vögel Freiflug, darf sich die Katze währenddessen nicht im gleichen Raum aufhalten.

Auch Freundschaften zwischen David und Goliath sind möglich.

Kleine Kätzchen und Senioren

Katzenbabys wiegen bei ihrer Geburt 100 g, ausgewachsene Katzen zwischen zwei und sieben Kilogramm. Die durchschnittliche Lebenserwartung liegt bei zehn Jahren, doch sie können auch 20 Jahre alt werden. Lesen Sie mehr von Kätzchen und Katzensenioren und ihren unterschiedlichen Bedürfnissen.

Die ersten Lebenstage

Nach einer Tragzeit von ungefähr 63 Tagen erblicken die Katzenbabys das Licht der Welt. Ein neugeborenes Kätzchen wiegt circa 70 bis 135 g und ist 11 bis 15 cm groß. Die Augenlider sind verschlossen und die Ohren nach hinten geklappt, sodass die Kätzchen noch nichts hören. Die Neugeborenen reagieren auf Wärme und Berührungen, denn sie nehmen ihre Umwelt in dieser Phase nur durch den Geruchs- und Tastsinn wahr. Die Jungen können ihre Körpertemperatur noch nicht regulieren und sind gänzlich auf die Fürsorge der Katzenmutter angewiesen. Sie sind „Nesthocker" und rufen um Hilfe, wenn sie den Geruch des Nestes nicht mehr wahrnehmen können oder den Körperkontakt zur Mutter oder den Geschwistern verlieren. Wärme ist für das Wohlbefinden der Neugeborenen bedeutend. Bei Kälte verlangsamen sie ihre Bewegungen und bei schwerer Unterkühlung hören sie sogar auf zu saugen.

INFO

Wer war der Vater?
Wussten Sie, dass Katzenkinder aus einem Wurf mehrere Väter haben können? Das ist gar nicht so selten und passiert, wenn sich die Katze mit verschiedenen Katern eingelassen hat. Dann können die Eizellen vom Sperma verschiedener Väter befruchtet werden, und die Kätzchen sehen ganz verschieden aus.

Mama Katze übersiedelt vorsichtig ihren Nachwuchs.

Zitzenpräferenz

Die einzige Aktivität der Kleinen besteht darin, die Zitzen der Mutter zu suchen. Jedes Katzenbaby erkämpft sich seine bevorzugte Zitze, die am Geruch wiedererkannt und heftig gegen die Geschwister verteidigt wird. Am beliebtesten sind die hinteren Zitzen, da diese die meiste Milch geben.

WICHTIG

Nicht am Genick hochheben

Wir dürfen es der Katzenmutter nicht gleichtun und das Kätzchen oder die erwachsene Katze am Genick packen und hochheben. Dadurch könnte es zu Verletzungen kommen.

Suchpendeln

Neugeborene Katzenkinder sind auf den Körperkontakt der Mutter oder der Geschwister angewiesen. Werden sie voneinander getrennt, ruft das Kätzchen jammernd um Hilfe, und versucht, durch Hin- und Herpendeln des Kopfes den Kontakt zu seiner Katzenfamilie herzustellen.

Kolostrum

Entscheidend für die gesunde Entwicklung der Kätzchen ist die Aufnahme der Muttermilch, die in den ersten Stunden nach der Geburt gebildet wird. Man bezeichnet diese Milch auch als Kolostrum. Es beinhaltet alle Antikörper, die die Katze im Lauf ihres Lebens gebildet hat. Durch die Aufnahme des Kolostrums gehen diese Abwehrstoffe auf die Kätzchen über. Die Muttermilch bietet so Schutz gegen die verschiedensten Erreger, die für die Katzenkinder gefährlich sein könnten.

Tragstarre

Ist Gefahr in Verzug oder muss der Nachwuchs an einen anderen Ort gebracht werden, dann packt die Katze ein Katzenkind nach dem anderen mit den Zähnen im Genick und trägt sie davon. Das Kätzchen fällt dabei in eine Tragstarre – es bewegt sich also gar nicht mehr – und zieht die Hinterbeine und den Schwanz eng an den Körper an.
So wird dem Muttertier das Tragen erleichtert. Würde das Kätzchen zappeln, wäre ein schneller Transport unmöglich und brächte die ganze Familie in Gefahr.

Die ersten vier Wochen

Die Neugeborenenphase der ersten Tage geht in die Säugungsperiode über. Nach der ersten Woche wiegen die Kätzchen schon bis zu 250 g. Ein großer Teil des Tages wird von den Kleinen verschlafen oder mit Trinken zugebracht. Die Katzenkinder können allmählich Geräusche hören und im Alter von zwei Wochen bereits orten. Auch das wohltuende Schnurren der Mutterkatze wird wahrgenommen und signalisiert, dass die Welt der Kleinen in Ordnung ist. Die anfangs babyblauen Katzenaugen öffnen sich zwischen dem 7. und 15. Tag. Das Milchgebiss entwickelt sich, und die kleinen Krallen können schon ein- und ausgefahren werden. Langsam kommt Leben in das Katzennest: Die Kleinen üben Springen, Klettern und Laufen; und es funktioniert jeden Tag besser. In der vierten Lebenswoche beginnen die ersten sozialen Spiele und körperliche Fertigkeiten werden trainiert. Angriff, Verfolgung, Verteidigung, Jagd und Beutemachen werden mit den Geschwistern im Spiel geübt. Auch die Katzenmutter muss als Turn- und Übungsplatz herhalten. Treibt es der Nachwuchs zu wild, setzt es einen Pfotenhieb als erste Erziehungsmaßnahme. Neugier und Interesse an der Welt außerhalb des Katzennestes treiben die Kleinen zu Ausflügen, die argwöhnisch von Mama Katze überwacht werden.

Noch ist das Beaufsichtigen der Kleinen leicht, doch das wird sich bald ändern.

Die Übergangsphase

Die Ernährungsumstellung von Muttermilch auf feste Nahrung wird als Entwöhnung bezeichnet. Mit vier Wochen beginnt die Katzenmutter die Jungkatzen auch mit fester Nahrung zu füttern. Je fortgeschrittener das Stadium der Entwöhnung ist, umso mehr ergreifen die Jungen – zum Missfallen der Mutter – die Initiative zum Säugen. Die Entwöhnung ist mit circa sieben bis acht Wochen abgeschlossen.

TIPP

Laktoseunverträglichkeit
In der Phase der Entwöhnung verlieren die Kätzchen die Fähigkeit, Milchzucker (Laktose) zu verdauen. Trinken sie laktosehaltige Milch (Kuhmilch), können sie Durchfall bekommen.

Raufen, balgen, spielen – so sieht der Unterricht für Kätzchen aus.

Der Weg in die Selbstständigkeit

Mit fünf bis sechs Wochen sind die Jungen imstande, ihre Ausscheidungen unter Kontrolle zu halten. Die Mutter muss den Kätzchen nicht mehr den Bauch lecken, um die Verdauung anzuregen. Auch das Benutzen der Katzentoilette haben die Kleinen von Mama gelernt, indem sie das Verhalten abgeguckt haben. „Katzenwäsche" ist bereits eine Selbstverständlichkeit. Nach und nach werden die Kätzchen aktiv und zum Zeitpunkt der möglichen Koordination von Bewegungsabläufen wird mit allem gespielt, was ihnen in die Pfoten fällt.

Jagdunterricht

Ab der fünften Woche bringt Mama Katze Beute in das Katzenlager. Das Beobachten der Mutter beim Beutefang ist für die Kleinen sehr spannend. Obwohl sie noch nichts mit der Maus anfangen können, ist das Interesse an der toten Beute groß. Nach und nach dürfen die jungen Katzen auch eigene Erfahrungen mit Beutetieren machen und sich selbst an lebender Beute versuchen, um zu lernen, wie man den Tötungsbiss am besten setzt. Damit der Fang nicht in letzter

Minute verloren geht, ruft die Mutter die Kleinen mit der Beute im Maul, wobei die Katzenmutter spezielle Warnrufe für bestimmte Beutetiere auf Lager hat. So wissen die Kleinen sofort, ob Mama Katze eine harmloses Mäuschen oder eine wehrhafte Ratte für den Übungsunterricht mitbringt.
Die Konkurrenz unter den Katzengeschwistern führt dazu, dass alle mit Einsatz bei der Sache sind,

damit nicht das Brüderchen oder Schwesterchen beim Beutemachen zum Zug kommt. In vielen Unterrichtsstunden lernen die jungen Jäger, ihre Jagdchancen bei unterschiedlichen Beutetieren einzuschätzen und die richtige Fangtechnik anzuwenden. Die Vorlieben für bestimmte Beutetiere bilden sich in der Jugendzeit. Ausgewachsene Katzen erlegen die Beutetiere am besten, die ihnen von klein auf vertraut sind und mit denen sie schon einige Erfahrungen sammeln konnten.

Sozialisation

Die Natur hat es so eingerichtet, dass Tierkinder in einem bestimmten Lebensabschnitt besonders empfänglich für Erfahrungen und Lernprozesse sind. Die Länge dieser Phase ist von der motorischen und sensorischen Entwicklung des Tieres abhängig und infolge veränderter Umwelteinflüsse können Abweichungen möglich sein. Katzenkinder lernen in ihren ersten Lebensmonaten, was sie im späteren Leben benötigen. Bei Katzen dauert die sensible Phase im Durchschnitt von der zweiten bis zur zehnten Woche an. Nach dem Motto „Was Kätzchen nicht lernt, lernt Katze nimmermehr!" können Erfahrungs- und Lerndefizite, die während der Prägungsphase entstehen, im Erwachsenenalter nur mit einigem Aufwand nachgeholt werden. Nutzen Sie die Sozialisierungsphase, um das Kätzchen mit seiner Umwelt, Hunden und Kindern vertraut zu machen.

CHECK

Fit fürs Leben

Je mehr das Kätzchen über seine Umwelt erfährt, desto selbstbewusster wird es als erwachsene Katze durchs Leben gehen:

- ❑ ***Kontakt zu Artgenossen*** *Kätzchen, die isoliert aufwachsen, werden zu Einzelgängern, die nicht gelernt haben, andere Katzen zu tolerieren.*
- ❑ ***Kontakt zu Menschen jeden Alters*** *Katzen, die mit mehreren Bezugspersonen aufgewachsen sind, werden zu geselligen Kameraden. Auch das Zusammenleben mit Kindern wird einfacher.*
- ❑ ***Kontakt mit Hunden*** *Je früher Katze und Hund aneinander gewöhnt werden, desto leichter wird das spätere Zusammenleben.*
- ❑ ***Reizvielfalt*** *Die Katze lebt sich in ihrem neuen Zuhause schneller ein, je mehr Erfahrungen sie gemacht hat. Alltägliche Geräusche (Staubsauger, Fön, Mixer), aber auch optische Eindrücke (wehende Vorhänge) verursachen keine Angst, wenn sie ihr von klein auf vertraut sind.*

Halbstarke

Im Alter von zwölf Wochen nehmen die Augen der Kätzchen ihre endgültige Farbe an. Nun werden auch die Milchzähne nach und nach durch das bleibende Gebiss ersetzt. Von der 12. bis zur 14. Lebenswoche nehmen soziale Spiele ab und werden durch Kampfspiele mit ernsthaftem Charakter abgelöst. Dies ist auch die Zeit, wo die Kätzchen von Mutter und Geschwistern getrennt werden und in ihre zukünftige Familie kommen. Der Wechsel in das neue Leben ist für die Katze ein einschneidendes Erlebnis. Neugier und Lebensfreude erleichtern ihr jedoch die Eingewöhnung im neuen Heim. Der Mensch wird zur zweibeinigen „Superkatze“, die nun für das körperliche und seelische Wohl des Kätzchens verantwortlich ist. (siehe dazu auch Kapitel „Katzenfit“ Seite 33 f.)

Pubertät

Weibliche Tiere kommen in der Regel vor ihren männlichen Artgenossen in die Pubertät. Im Durchschnitt findet die Geschlechtsreife mit fünf bis neun Monaten statt. Einige Rassen gelten als besonders frühreif, wie zum Beispiel die Siamesen, die Burmesen oder die Abessinier. Langhaarkatzen, wie die Perser, lassen sich hingegen etwas mehr Zeit. Ist eine Katze fortpflanzungsbereit, so spricht man oft von „Hitze“ oder „Rolligkeit“. Der letztere Begriff entstand nicht ohne Grund: Rollige Katzen werfen sich auf den Boden und wälzen beziehungsweise rollen sich von einer Seite auf die andere.

Erziehung

Ist die kleine Katze bereits über zwölf Wochen alt, können Sie davon ausgehen, dass Mama Katze ganze Arbeit bei der Erziehung der Sprösslinge geleistet hat. Katzen lernen in erster Linie durch Beobachten und Nachahmen. Sind Zuschauer und Vorbild miteinander verwandt, ist der Lernerfolg garantiert. Nicht nur das Jagen sondern auch den Gebrauch der Katzentoilette erlernen die Kätzchen von ihrer Mama. Und so sind die meisten Katzenkinder schon in der fünften bis sechsten Lebenswoche stubenrein. Nachdem sich das Kätzchen

Einmal geht noch, bis sich Brüderchen wehrt.

unter Katzen zu benehmen weiß, muss es nun auch die Regeln im Umgang mit dem Menschen lernen. Den größten Erziehungserfolg können Sie erzielen, wenn Sie auf Zwang und Bestrafung verzichten. Katzen gelten zwar als eigenständig und weniger erziehbar als Hunde, doch als anpassungsfähige Tiere sind sie bereit, Abkommen zu respektieren. Auch Katzen in freier Natur teilen sich Reviere untereinander und haben die Nutzung durch Regeln festgelegt. Sie haben viele Möglichkeiten, mit Ihrer Samtpfote Kompromisse zu schließen.

Auf den Namen hören

Die Katze benötigt einen besonderen Namen, der ihrer Einzigartigkeit gerecht wird. Ein Name, bei dem Mieze mit aufrechtem Schwanz auf uns zuläuft und uns mit einem erwartungsvollen Blick ansieht. Einen passenden Namen auszusuchen, ist gar nicht so einfach. Diesen Namen wird die Katze jeden Tag hören und sie soll ihn nur mit angenehmen Erlebnissen verbinden. Daher sollten sie auch niemals Ihre Katze namentlich rufen, um sie zu tadeln. Um die Katze an ihren Namen zu gewöhnen, sprechen Sie das Tier beim Streicheln, Schmusen, Spielen und Füttern immer wieder mit Namen an. Denn nur so wird Ihre Hausgenossin Ihrem Ruf Folge leisten, vorausgesetzt sie hat nichts anderes im Sinn. Katzennamen bestehen in der Regel aus ein- oder zweisilbigen Wörtern mit den Vokalen „a“ oder „i“, aber auch „o“ oder „u“. Scharfe Laute mit „ss“ erinnern die Tiere zu sehr an das Zischen des Fauchens und bewirken Distanz. Auch hier gilt: der Ton macht die Musik. Wenn Sie Ihre Katze rufen, dann sollten Sie das immer mit freundlicher und sanfter Stimme tun.

INFO

Die schönsten und außergewöhnlichsten Katzennamen aus aller Welt

Ananas, Atchoum
Baghera, Benji, Bristol
Caramel, Chester, Coco
Diabolo, Diva, Domino
Erol, Filou, Ginger
Kiki, Koto, Leeloo, Lotus
Mikado, Minnie
Olga, Pepito, Platon, Quaxo
Romeo, Sherpa, Youston

Gegen Betteln und Naschen am Tisch hilft nur ein konsequentes Nein.

Denken wie eine Katze

Um bei der Erziehung Ihrer Katze zu punkten, müssen Sie ihre Verhaltensweisen verstehen. Wissen Sie, was es bedeutet, wenn sie den Schwanz aufstellt oder Ihnen den Rücken zudreht? Nein? Dann heißt es, in erster Linie „Katzensprache" zu pauken. In Folge müssen Sie sich bemühen, wie eine Katze zu denken. Sehen wir uns folgende Situation an: Ihre Katze springt immer wieder auf den Esstisch und wird von Ihnen mehrmals vom Tisch gescheucht. Der Mensch setzt voraus, dass die Katze lernt, Tische seien tabu, egal ob es sich um den Tisch im Esszimmer oder in der Küche handelt. Die Katze lernt aber, dass ihr Mensch es nicht möchte, wenn sie auf dem Esstisch spazieren geht, aber vom Küchentisch war nicht die Rede. Sie lernt aber auch, dass der Esstisch zum Sperrgebiet wird, wenn der Mensch in der Nähe ist, doch in der Nacht, wenn alles schläft, sieht das schon wieder ganz anders aus. Katzen sind keine Verfechter der abstrakten Denkweise und haben daher das Problem, dass sie in einer bestimmten Situation gemachte Erfahrungen nicht auf eine andere ähnliche Situation übertragen.

Erziehungsregeln

Unerwünschten Verhaltensweisen steht man als Katzenhalter nicht hilflos gegenüber. Es ist durchaus möglich, das Verhalten des Stubentigers zu beeinflussen und ihm verständlich zu machen, welche Regeln gelten sollen.

Unmittelbar reagieren

Ragieren Sie immer sofort auf eine Verhaltensweise der Katze, denn nur so kann das Tier seine Handlung mit der Tat in Verbindung bringen. Möchten Sie die Katze also für richtiges Verhalten belohnen oder für ein Vergehen rügen, müssen Sie das innerhalb von ein bis zwei Sekunden tun. Sie müssen also ganz schön auf Zack sein. Warten Sie mit der Belohnung oder mit dem Tadel einige Sekunden länger, kann die Katze Lob oder Ermahnung nicht mehr mit ihrer Tat verknüpfen. Tiere verbinden positive oder negative Erfahrungen mit ihrem unmittelbarem Tun. Schimpfen Sie die Katze, weil sie vor einer halben Stunde den Blumentopf umgegraben hat, während sie in diesem Moment gerade friedlich in der Kuschelhöhle ein Nickerchen hält, wird die Mieze Ihren Unmut auf das Im-Körbchen-Liegen beziehen, und ist entsprechend verunsichert. Verkneifen Sie sich im beschriebenen Fall das Schimpfen und warten Sie ab, bis Sie Ihre Katze das nächste Mal inflagranti ertappen. Oder decken Sie den Blumentopf durch ein spezielles Pflanzengitter ab, um der Katze keine weiteren Buddelversuche zu ermöglichen.

Erwünschtes Verhalten bestärken

Lob und Belohnung sind die besten Erziehungsmethoden. Bieten Sie Ihrer Katze einen Anreiz: Für Frauchens oder Herrchens Lob, ein aufregendes Spiel oder einen Leckerbissen lohnt es sich auch für Katzen, brav zu sein.

Individualisten

Bei allen Erziehungseifer: Vergessen Sie bitte nicht, dass Katzen nach wie vor Individualisten sind, denen die Bereitschaft zur Unterordnung nicht immer im Sinn steht.
Manche Katzen machen begeistert mit und bemühen sich, ihrem Menschen zu gefallen, andere tun und lassen weiterhin, was ihnen gerade passt.

Katzen sind einfühlsam und reagieren auf jede Stimmungslage ihrer Bezugsperson.

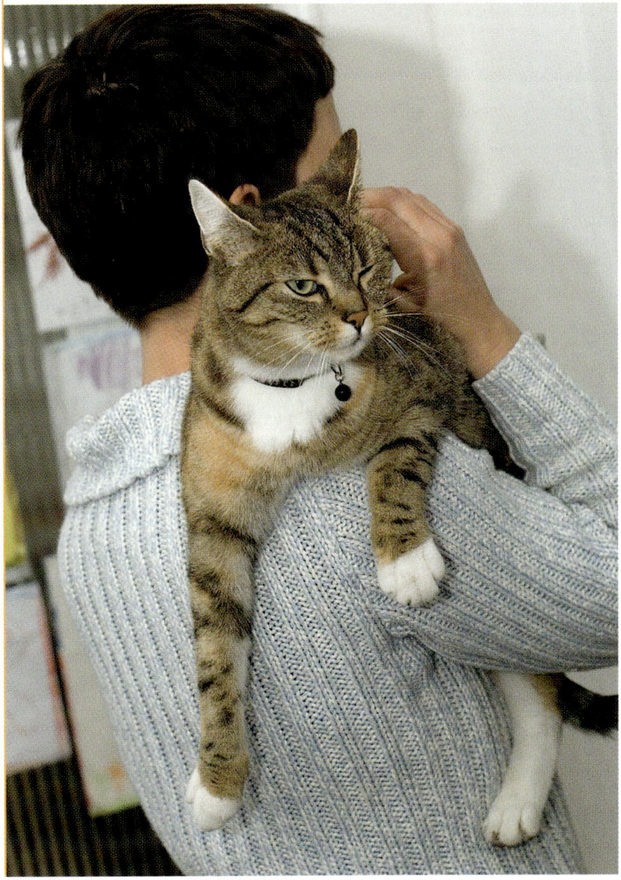

CHECK

Das 1 x 1 der Katzenerziehung

- ***Bringen Sie Respekt für Verhaltensweisen der Katze auf.*** *Klettern, Erkunden, Beobachten, Verstecken, Jagen und Spielen sind Grundbedürfnisse, die ihr nicht verwehrt werden dürfen.*
- ***Vermeiden Sie Missverständnisse.*** *Lernen Sie die Katzensprache richtig zu deuten.*
- ***Katzen sind Gewohnheitstiere.*** *Rituale, wie die tägliche Spiel- und Schmusestunden, geben Sicherheit.*
- ***Legen Sie klare Regeln fest.*** *Nur so kann sich die Katze richtig verhalten und Grenzen respektieren.*
- ***Verstärken Sie erwünschtes Verhalten*** *immer durch eine Belohnung.*
- ***Unerwünschtes Verhalten*** *wird ignoriert und durch eine angebotene Alternative umgelenkt.*
- ***Keine Strafmaßnahmen.*** *Ihre Katze verliert das Vertrauen zu Ihnen und das Problemverhalten verstärkt sich.*

Verhalten bestrafen

Strafe ist nie die ideale Lösung. Zum einen, weil sichergestellt werden muss, dass die Strafmaßnahme zeitlich exakt ausgeführt wird, damit die Katze diese mit ihrem Tun verbinden kann. Außerdem muss das unerwünschte Verhalten immer bestraft werden. Zum anderen, weil wiederholtes Strafen die Mensch-Tier-Beziehung beeinträchtigt und die Katze oft mit Misstrauen und Rückzug reagiert.

Unter Bestrafen ist niemals das Schlagen des Tieres zu verstehen! Ein lautes „Nein“ oder ein Geräusch, zum Beispiel durch In-die-Hände-klatschen oder mit dem Schlüsselbund klappern ist ausreichend, um die Katze bei ihrer Missetat zu erschrecken. Es gibt auch die so genannte „anonyme Bestrafung“ durch eine Wasserspritzflasche. Anonym deswegen, weil die Katze die Strafe nicht mit Ihnen, sondern mit dem verbotenen Platz oder der Missetat in Verbindung bringen wird. Kratzt Ihre Katze immer wieder an den Vorhängen, wird sie von einem – bitte sanften – Wasserstrahl getroffen. Nun kombiniert sie, dass es für Vorhangkratzen eine Dusche gibt.

Verhalten ignorieren

Verfügen Sie über ein hohes Maß an Toleranz und Durchhaltevermögen, ist diese Methode für Sie die Richtige. Wird unerwünschtes Verhalten von Ihnen konsequent ignoriert, findet also keine Reaktion Ihrerseits statt, wird die Katze diese Verhaltensweise nach einiger Zeit unterlassen, weil sie „wertlos" geworden ist.

Alternativen anbieten

Kratzt Ihre Katze zum Beispiel immer wieder am Sofa, kann dies auch daran liegen, dass sie keinen geeigneten Kratzbaum hat. Stellen Sie ihr einen zur Verfügung und versuchen Sie das Verhalten umzulenken. Loben Sie sie bei gewünschtem Erfolg, also wenn sie sich anstelle des Sofas am Kratzbaum die Krallen wetzt.

Klare Regeln

Ihr Erziehungsstil muss eine klare Linie aufweisen. Was heute verboten ist, darf morgen nicht erlaubt sein. Nur so kann sich die Katze orientieren. Auch für Katzen gilt, was in der Hundeerziehung schon lange bekannt ist: Nur einheitliche Signale führen zum Ziel. Wenn Sie „Nein" meinen, dann müssen Sie auch „Nein" sagen. Begriffe, die sich ständig ändern, wie „Pfui", „Aus" oder „Böse Katze" etc. verwirren das Tier und verfehlen die gewünschte Wirkung, denn Katzen verstehen nun mal nicht jedes Wort.

Katzen lieben ein geordnetes Umfeld und einen festen Tagesablauf.

Katzensenioren

Katzen altern in eindrucksvoller Würde. Für den ungeübten Betrachter ist oft kein Unterschied zwischen einer Katze von fünf, sieben oder neun Jahren ersichtlich. Eine Katze, die nach wie vor mühelos auf den Tisch springt oder einem Mäuschen nachjagt, wird locker für ein paar Jahre jünger gehalten. Unsere Katzen werden heutzutage wesentlich älter als noch vor einigen Jahren. Richtige Ernährung und regelmäßige Untersuchungen durch den Tierarzt tragen dazu bei, dass sich die Lebenserwartung für Katzen verbessert haben. Die meisten Tiere sind über Jahre fit und aktiv und zeigen erst spät deutliche Alterserscheinungen. Denn auch im Tierreich ist Alter nicht gleich Alter und viele Katzen toben noch im Seniorenalter, das mit dem zehnten Lebensjahr beginnt, durch die Wohnung. Andere gleichaltrige Artgenossen genießen indessen lieber in Muße ein Sonnenbad auf der Fensterbank und sind nur noch selten bereit, sich sportlich zu betätigen.

Von Katzen- und Menschenjahren
In den ersten Monaten ihres Lebens entwickelt sich die Katze rasch, dann kommen viele Jahre mit gleichbleibender Aktivität und schließlich das Seniorenalter, in dem Katzen verhältnismäßig schnell altern. in der linken Spalte ist eine Aufstellung, die versucht, einen Vergleich zwischen dem Alter der Katze und des Menschen darzustellen.

Oldies, but Goldies
Katzensenioren teilen ihr Leben viel mehr mit uns Menschen, als junge Katzen, die noch ganz andere Dinge im Kopf haben. Ältere Katzen sind sehr anhänglich, verschmust und haben einen gefestigten Charakter.

Reifere Partner
Wenn Sie eher der ruhigere Typ sind oder vielleicht selbst zu den Senioren zählen, dann könnte eine Katze im besten Alter der ideale Partner für Sie sein. Katzensenioren sind in der Regel gut erzogen und unternehmen meist auch keine wilden Klettertouren in der Wohnung. Zudem wird Ihnen eine ältere Katze, deren Frauchen oder Herrchen vielleicht verstorben ist, für einen sicheren Lebensabend mit viel Zuneigung dankbar sein.

INFO

Katzenalter verglichen mit Menschenjahren

Alter der Katze in Jahren	*Entsprechendes Alter beim Menschen in Jahren*
1	15
2	24
3	28
4	32
6	40
8	48
10	56
12	64
14	72
16	80
18	88
20	96

Katzensenioren lieben warme, kuschelige Schlafplätze.

Kommt ein älteres Tier zu einer bereits im Haushalt lebenden Katze als Gefährte dazu, dann ist es wichtig, dass beide Tiere dem sozialen Typ entsprechen. Nur so lassen sich Auseinandersetzungen vermeiden. Wenn Sie vorhaben, ein Kätzchen und einen Oldie zusammenzuführen, sollten Sie bedenken, dass ein junges Tier einem bedächtigen Senior ganz schön auf die Nerven gehen kann.

Altersanzeichen

Irgendwann werden Sie vielleicht feststellen, dass Ihre Katze schlechter hört und sieht, als in jungen Jahren. Mit zunehmendem Alter bemerkt man auch, dass die Senioren nicht mehr so gelenkig sind, wie ihre jüngeren Artgenossen. Das Aufstehen macht ihnen oft Mühe, da sich erste Verschleißerscheinungen wie Arthrosen bemerkbar machen. Aufgrund der eingeschränkten Gelenkigkeit fällt vielen reifen Katzen die Reinigung der hinteren Körperpartien zunehmend schwerer.

Der Bewegungsmangel führt dazu, dass sie sich seltener die Krallen schärfen. Zu lange Krallen stellen ein Verletzungsrisiko dar, da die Tiere eventuell in Teppichen oder Gardinen hängen bleiben könnten. Bei der Fell- und Krallenpflege sind die Seniorenkatzen auf die Unterstützung ihres Menschen angwiesen. Ältere Katzen haben ein erhöhtes Ruhe- und Schlafbedürfnis und brauchen kuschelige, warme Erholungsplätze in der Wohnung, um sich ungestört zurückziehen zu können. Futter- und Wassernapf, Katzentoiletten und Schlafhöhle sollten an den gewohnten Plätzen stehen, damit sich die Katze auch dann zurechtfinden kann, wenn Seh- und Hörvermögen im zunehmenden Alter eingeschränkt sind. Da Beweglichkeit und Kondition nachlassen, können viele Katzen ihre erhöhten Aussichtspunkte nicht mehr erreichen und benötigen Aufstiegshilfen in Form von Sitzkissen oder Sesseln, damit sie ihr Revier wieder von oben überblicken können.

CHECK

Altersanzeichen

Durch folgende Anzeichen zeigt Ihnen Ihre Katze, dass sie nun als „Senior" respektiert werden möchte.

- *Katzen werden ruhiger und gelassener, aber auch anhänglicher.*
- *Das Schlaf- und Ruhebedürfnis nimmt zu.*
- *Der Rückzug in eine sichere Umgebung wird der Aktivität vorgezogen.*
- *Rituale und Gewohnheiten haben einen größeren Stellenwert. Die Anpassungsfähigkeit verringert sich und Veränderungen werden schlecht akzeptiert.*
- *Veränderte Ernährungsbedürfnisse: Eine spezielle Seniorennahrung oder auch eine tierärztliche Diät bei Erkrankungen ist zu empfehlen.*
- *Geminderte Beweglichkeit.*
- *Die Fellqualität verändert sich: Das Fell wird dünner und wirkt manchmal struppig, die Haut wird schuppiger.*
- *Erhöhte Empfindlichkeit des Verdauungssystems und verringerte Nierenfunktion.*
- *Schwächer werdende Immunabwehr.*
- *Die Sinnesleistungen lassen nach.*
- *Einige Tiere haben weniger Körpergewicht und wirken zerbrechlich, andere neigen zu Übergewicht.*

Das Verhalten ändert sich

Zu den altersbedingten körperlichen Beschwerden kommt es auch zu Verhaltensänderungen. Die Tiere erscheinen uns eigensinniger und missmutiger, vor allem, wenn sie in ihren Ruhephasen gestört werden. Hektik und Lärm sind ihnen ein Gräuel und die Anwesenheit junger Artgenossen wird häufig nicht mehr toleriert. Die Anpassungsfähigkeit der Katze lässt im Alter nach und Veränderungen im gewohnten Tagesablauf können zum Problem werden. Tagesfixpunkte zeigen Ihrer Katze, dass ihre „Katzenwelt" in Ordnung ist und Rituale, wie die pünktliche Fütterung und die tägliche Kuschel- und Spielzeit geben Ihrem Tier Sicherheit und vermindern Stress.

Fitness für Senioren

Katzen spielen bis ins hohe Alter. Meistens ist es nicht die Katze, die nicht mehr spielen möchte, sondern der Mensch, der denkt, sie sei zu alt dafür. Dabei kommt es auf die Spiele an: Wilde Verfolgungsjagden durch die Wohnung sind bei Senioren nicht mehr gefragt, sondern Spiele, die auf die Bedürfnisse von Oldies abgestimmt sind.

Tipps für Seniorenspiele

Abnehmende Spielleidenschaft

Die Spielleidenschaft nimmt mit zunehmendem Alter und damit fehlender Kondition des Tieres ab. Sie müssen der Katze daher einen starken Anreiz für ein Spiel bieten. Viele Tiere reagieren auch im Alter auf ihr Lieblingsspielzeug und lassen sich

durch Spielangeln mit Mäuschen oder Federn aktivieren.
Spieldauer Die Spieldauer ist kürzer, aber dafür umso intensiver.
Aufforderung Fordern Sie Ihre Katze zum Spiel auf und beenden Sie es, wenn sie die Lust verliert.
Rücksicht Nehmen Sie Rücksicht auf ihre körperliche Verfassung.
Duftspiele Auch alte Katzen sind neugierig und die Nase ist empfänglich für neue Reize. Bringen Sie ab und zu einen Stein oder einen für Katzen unbedenklichen Blumenstrauß mit nach Hause.

Der letzte Weg

Lebensabschnitt Sehen Sie das Alter nicht als Krankheit, sondern als Lebensabschnitt, der Sie und Ihre Katze mit neuen Bedürfnissen erwartet.
Gesundheitskontrollen Regelmäßige tierärztliche Check-ups beim Katzen-Oldie sind ein Muss und helfen gesundheitliche Probleme rechtzeitig zu erkennen.
Portion Liebe Liebe ist der beste Jungbrunnen. Gerade ältere Katzen sind besonders anhänglich und benötigen die Aufmerksamkeit und Zuneigung ihres Menschen!
Der letzte Weg Begleiten Sie Ihre Gefährtin bis zur letzten Stunde, auch wenn es eine der schwersten Stunden Ihres Lebens sein wird.
Trauern Sie Lassen Sie die Trauer zu und nehmen Sie sich die Zeit, die Sie benötigen, um den Verlust des geliebten Tieres zu verarbeiten. Die Zeit nimmt zwar nicht den Schmerz, aber sie lindert ihn. Und wer weiß, vielleicht sind Sie bereit, einer neuen Katze Ihr Herz zu schenken und sich von ihr erobern zu lassen.

Wenn Kinder gelernt haben, auf ältere Katzen und ihre Bedürfnisse Rücksicht zu nehmen, dann funktioniert das Zusammenleben harmonisch.

Perfekter Katzenalltag

Katzen haben Bedürfnisse, die tief in ihrem Verhalten verankert sind. Nur wenn wir ihre Verhaltensweisen respektieren und ihnen ein geeignetes Lebensumfeld bieten, fühlen sich Katzen in unserer Menschenwelt wohl.

Was Katzen so treiben ...

Jede Katze muss sich ihrer Natur gemäß ausleben können. Verhaltensweisen wie Verstecken und Beobachten, Erkunden, Jagen oder Spielen und Markieren spielen eine bedeutende Rolle für das Wohlbefinden der Katze. Ein Tag im Leben einer Katze ist geprägt von Ruheperioden und Zeiten mit ausgeprägter Aktivität. Während eine Katze, die in der Wohnung lebt – nennen wir sie Indoor-Katze – einen Großteil des Tages mit Schlafen, Körperpflege und Fressen verbringt, zeigen Katzen mit Freilauf, also Outdoor-Katzen, eine hohe Aktivität. Freilaufkatzen streifen umher, klettern auf Bäume und erkunden ihr Territorium. Sie sind Gefahren ausgesetzt, die der Wohnungskatze fremd sind: Kämpfe mit Artgenossen und daraus resultierende Verletzungen, Übertragung von Infektionskrankheiten, Parasitenbefall, Kontakt mit giftigen Substanzen, Verkehrsunfälle. Ihre Lebensweise und ihre Ernährungsbedürfnisse unterscheiden sich stark von denen einer in der Wohnung lebenden Katze.

Indoor-Katzen müssen ihre Energie im Spiel abbauen.

INFO

Vergleich der Lebensweise und der Ernährungsbedürfnisse von Indoor- und Outdoor-Katzen

Indoor-Katze
Durchschnittliches Territorium je nach Größe der Wohnung von 35 m^2 bis zu 120 m^2

Tägliche Aktivitäten

Fellpflege	4–5 Std./20%
Fressen	weniger als 1 Std./3%
Spielen	weniger als 1 Std./2%
Schlafen	18 Std./75%

Umgebung
Durch das Leben in der Wohnung ergeben sich ziemlich gleichbleibende klimatische Bedingungen (nur teilweise Sonnenlicht, ansonsten künstliches Licht).

Fellwechsel
Durch konstante Licht- und Temperaturverhältnisse kommt es zu einem regelmäßigen Abhaaren.

Ernährung
Durch ein Leben in einer geschützten Umgebung werden weniger Kalorien verbraucht, um die Körpertemperatur aufrecht zu erhalten. Wohnungskatzen mit eingeschränkter Aktivität benötigen daher eine Nahrung mit mäßigen Energiegehalt.

Outdoor-Katze
Durchschnittliches Territorium 8000 m^2 bis 50 ha

Tägliche Aktivitäten

Fellpflege	2–3 Std./12%
Fressen	weniger als 1 Std./3%
Jagen	6–8 Std./25%
Schlafen	12–14 Std./60%

Umgebung
Abhängig von den klimatischen Bedingung je nach Jahreszeiten.

Fellwechsel
Es findet ein periodischer Haarwechsel je n Dauer des Tageslichts statt. Zu Sommerbeg ist der Haarausfall am stärksten, zu Winte beginn am geringsten.

Ernährung
Aufgrund erhöhter Aktivität im Freien ist e Nahrung mit hohem Energiegehalt erforde lich.

Abenteuer Jagd

Nicht nur Freilaufkatzen lieben die Jagd, auch unsere Wohnungskatzen verwandeln sich vom verschmusten Stubentiger sekundenschnell in ein Raubtier, wenn sie die erste Pfote in die Freiheit setzen. Ein perfekter Körperbau und Sinne, die zu außergewöhnlichen Leistungen imstande sind, machen unsere Katzen zu geborenen Jägern. Aufmerksam beobachten sie ihr Beutetier aus einem Versteck, fast geräuschlos schleichen sie sich an, um in einem kurzen Sprint die Maus zu erjagen. Katzen sind Schleichjäger, die sich der infrage kommenden Beute möglichst in Deckung nähern, um sie dann auf kurze Entfernung zu attackieren. Akustische Signale, wie kratzende, raschelnde oder quietschende Töne animieren meistens zur Beutesuche. Das Beutefangverhalten selbst wird durch schnell bewegte Objekte ausgelöst. Bis zu sechs Stunden täglich verbringen Katzen mit der Jagd, wobei nur jeder 15. Jagdversuch erfolgreich ist.

Wohnungs-Jagd

Im Unterschied zu Outdoor-Katzen, denen die Möglichkeit zur Jagd gegeben ist, müssen Wohnungskatzen ihren Jagdtrieb in der Wohnung ausleben. Aber wie? Durch das Spiel, sei es allein, mit dem Artgenossen oder mit dem Menschen. Am beliebtesten bei Katzen ist jedoch das Spiel mit Frauchen oder Herrchen! Es gibt nichts Schöneres, wenn der Mensch sich die Zeit nimmt, das Mäuschen an der Spielangel zu werfen oder hinter sich herzuziehen. So kann Mieze ihre Jagdfähigkeiten wie Anpirschen, Lauern und Zuschlagen richtig ausleben. Für Indoor-Katzen ist das Spieltraining als Jagdersatz die beste Möglichkeit, körperliche und geistige Fitness zu erhalten und überschüssige Energie abzubauen. Ein weiterer positiver Effekt ist, dass durch das Spiel die Bindung zum Menschen gefestigt wird. (Siehe auch Katzen in Aktion Seite 91).

Noch ist Mieze unschlüssig, ob sie die Maus gleich fressen oder ihrem Menschen als Geschenk nach Hause bringen soll.

INFO

Jagdpassion

Jagen ist eine Verhaltensweise, die unabhängig vom Hungergefühl gezeigt wird. Es gibt keine Beweise, dass eine hungrige Katze mehr Mäuse fängt als ein sattes Tier.

Katzen mit Freilauf streifen umher, klettern auf Bäume und erkunden ihr Revier.

Verstecken und Beobachten

Nicht nur Freilaufkatzen müssen sich verstecken, um ihr mögliches Beutetier beobachten zu können. Auch für Wohnungskatzen sind dies bedeutende Verhaltensweisen: Sich zurückziehen, wenn man keinen Kontakt zu seinem Katzengefährten oder seinem Menschen möchte, beobachten, was die Mitbewohner so treiben, und das Revier von einem Hochsitz überblicken.
Als Rückzugsplätze werden vor allem kuschelige Katzenkörbe geschätzt, aber auch eine einfache Schachtel erfüllt ihren Zweck als Höhle. Der Kratzbaum selbst wird zum Aussichtsturm und bietet den besten Überblick über das Revier und die Machenschaften seiner Bewohner. Den Überblick über die Außenwelt gibt es, wenn der Kletterbaum an einem Fenster steht, und so das Revier für die Katze visuell erweitert wird.

Erkunden

Der erste Weg einer Freilaufkatze führt über ihren Trampelpfad durch das ganze Revier. Denn im Territorium muss nach dem Rechten gesehen werden. Auch unsere Katzen, mit mehr oder weniger Möglichkeit zum Freilauf, haben Reviere, die auch Homeranges genannt werden. Sie bestehen aus einem Kernbereich und einem Streifgebiet. Beide Bereiche sind abhängig von Populationsdichte der Katzen und/oder der Beschaffenheit des Wohngebietes.
Auch unsere Stubentiger, von Geburt an neugierig, entdecken bei ihren regelmäßigen Patrouillen durch die Wohnung immer wieder etwas Neues. Geben Sie ihr Gelegenheit und überraschen Sie sie ab und zu mit spannenden Dingen. Da unsere Stubentiger mögliche Gefahrenquellen nicht abschätzen können, muss der Katzenhalter diesbezüglich Vorsorge treffen. (Siehe Seite 46 ff.)

Versteckt zwischen Ästen kann die Umgebung überwacht werden. Dem aufmerksamen Blick eines Raubtieres entgeht nichts.

Übermitteln von Botschaften

Da die Reviere der Katzen meistens keine festen Grenzen haben und sich oft überlappen, gibt es ein ausgeklügeltes System der Verkehrsregelung. Wenn man der Nachbarskatze nicht gerade begegnet und ihr dadurch signalisiert „Ich gehe gerade mein Revier ab", kann man ihr auch eine Duftnachricht mit diversen Botschaften übermitteln.

An besonders charakteristischen Stellen im Revier, wie Büschen, Steinen oder Wegkreuzungen, hinterlassen Katzen Urinspritzer als duftende Visitenkarte. Diese gibt Auskunft über die Identität des Revierinhabers, die Anwesenheit in einem bestimmten Bereich, den Zeitpunkt des letzten Aufenthaltes und eventuell auch über die Paarungsbereitschaft.

Je nach Alter der Urinmarkierung könnten die Katzenmails Folgendes mitteilen: „Ich bin hier – Keine Pfote weiter!" oder „Ich war vor einer Stunde hier – Durchgang erlaubt!" Ebenso haben Kothaufen Nachrichtenfunktion, vor allem, wenn sie auf besonders markanten Stellen im Territorium hinterlassen und nicht verscharrt werden.

Aber auch beim Krallenwetzen werden sicht- und riechbare Nachrichten für Artgenossen hinterlassen. Über die Pfoten werden Duftstoffe auf das Kratzobjekt übertragen und je weiter oben man die verschlüsselte Botschaft mit den Krallen eingravieren kann, desto besser. Sowohl im Freien als auch in der Wohnung haben Katzen absolute Lieblingskratzplätze. Durch das Anbieten eines geeigneten Kratzbaumes oder diverser Kratzbretter ist es in der Regel möglich, Designermöbel und Sofa vor Kratzspuren zu schützen. (siehe auch Kapitel Beziehungskrise Seite 117 und Kommunikation und Sinne Seite 26).

Schlafen und Dösen

Weltmeister im Langschlafen

Katzen sind Langschläfer und finden schnell ein Plätzchen, das sich für ein kurzes Nickerchen anbietet. Ob in Bauch-, Rücken- oder Seitenlage gedöst wird, ist abhängig vom Schlafplatz. Kuschelig, vor Zugluft geschützt und bequem zum Ausstrecken wäre fein.

Bedeutend ist jedoch der Standort: im Mittelpunkt des Reviers, nicht unmittelbar im Geschehen, aber doch so gewählt, um einen Überblick zu haben, wenn Mieze schlaftrunken blinzelt. Eine Wohnungskatze verbringt bis zu achtzehn Stunden täglich mit Schlafen und Dösen. Im Gegensatz zu ihren frei lebenden Artgenossen, die nur 14 Stunden dafür aufwenden. Wie wir Menschen benötigen auch Tiere den Schlaf, um wertvolle Energiereserven aufzuladen und wieder fit zu werden. Schlaf ist nicht gleich Schlaf. In eine Tiefschlafphase fällt die Katze nur dann, wenn sie sich sicher fühlt und ihre Umgebung nicht im Auge behalten muss. Eine dösende Katze ist bei außergewöhnlichen Geräuschen oder bei einer vorbeilaufenden Maus sofort hellwach. Am schnellsten können Kätzchen einschlafen, nämlich mitten im Spiel und für die übrigen Spielteilnehmer unvermutet.

Nach dem Aufwachen ist Strecken und Gähnen angesagt, danach kommt Krallenwetzen.

Auch unsere Vierbeiner mögen es nicht, wenn sie aus dem Schlaf gerissen werden. Wird Miezes Nickerchen nicht respektiert, wird sie bald zu einer nervösen, ungemütlichen und grantigen Hausgenossin.

Katzenträume

Verhaltensforscher sind sich einig, dass auch Katzen träumen. Im Traum werden Erlebnisse und gemachte Erfahrungen verarbeitet und so kann Mieze sich auf das Bewältigen neuer Abenteuer einstellen. Bebende Schnurrhaare und zuckende Pfoten lassen vermuten, dass so mancher Stubentiger im Schlaf auf Mäusefang geht. Während eines Schlafvorganges wechseln sich Tiefschlafphasen mit traumaktiven REM-Phasen (Rapid Eye Movement) ab. Während des Tiefschlafes läuft das Immunsystem auf Hochtouren und das Gehirn schüttet Wachstumshormone aus, während der REM-Phase ist die Zeit des Träumens mit seinen Erinnerungs-, Aufarbeitungs- und Lernprozessen.

Fressen

Von Natur aus bevorzugen Katzen eher kleine Snacks als große Mahlzeiten. Hat Mieze Nahrung zur freien Verfügung, teilt sie sich diese in zehn bis zu sechzehn Portionen ein. Jede Mahlzeit dauert nur zwei bis drei Minuten. Katzen sind Genießer und möchten bei der Nahrungsaufnahme ungestört sein. Der Geruch der angebotenen Nahrung spielt eine große Rolle und entscheidet, ob das Futter akzeptiert wird oder nicht.

Mäuse und andere kleine Nagetiere zählen zu den natürlichen Beutetieren der Katze. Müsste sich die Katze von Mäuschen ernähren, würde sie täglich durchschnittlich zwischen acht und zehn Mäuse benötigen, um einigermaßen satt zu werden. Das bedeutet für die Katze sechs bis acht Stunden Beutefang, wenn man davon ausgeht, dass nur jeder 15. Jagdversuch von Erfolg gekrönt ist. Als reiner Fleischfresser unterscheidet sich die Katze vom Hund durch ihren höheren Eiweißbedarf. Der kleine Katzenmagen und der relativ kurze Darm erfordern eine leicht verdauliche, energie- und nährstoffreiche Ernährung. Proteine, Kohlenhydrate, Fette, Nähr- und Mineralstoffe, Vitamine und Ballaststoffe sind daher für das Funktionieren des Organismus lebensnotwendig.

Katzen zeigen durch ihr Verhalten, ob sie sich wohlfühlen und die Lebensqualität stimmt.

INFO

Nahrungsbedarf

Der Ernährungsbedarf der Katze hängt davon ab, ob sie die Möglichkeit zum Freilauf hat oder nicht. Der Energieverbrauch einer Katze steigt je nach Zeitdauer ihrer Aktivitäten im Freien, der Größe des Reviers und den klimatischen Bedingungen. Wenn Freigänger bei Wintereinbruch zu Stubenhockern werden, muss dies bei der Ernährung berücksichtigt werden. Auch Kätzchen, Katzensenioren und kranke Tiere haben unterschiedliche Bedürfnisse.

1x1 der Katzenfütterung

Feste Futterzeiten Halten Sie feste Fütterungszeiten ein. Katzen sind Gewohnheitstiere und stellen sich auf Termine ein. Auch Freilaufkatzen erscheinen pünktlich zur Fütterung und lassen sich dadurch an das Haus binden. Ein weiterer Vorteil: Wenn Mieze weiß, wann Essenszeit ist, wird zwischendurch nicht gebettelt.

Die Wahl des Futterplatzes Wählen Sie den Futterplatz so aus, dass der Futternapf in einer ruhigen Ecke und keinesfalls neben der Katzentoilette steht. Mindestens ein bis zwei Meter entfernt sollte die Schüssel mit frischem Wasser aufgestellt werden.

Ruhe, bitte! Bei der Nahrungsaufnahme sollte die Katze nicht gestört werden.

Die ideale Futterschüssel Näpfe sollten stand- und rutschfest, lebensmittelecht und gut zu reinigen sein. Bei zwei Tieren bitte alles im Doppelpack, damit es zu keinen Eifersuchtsszenen und Streitereien kommt.

Wohl temperiert Die Temperatur ist wichtig. Servieren Sie das Futter immer handwarm und nie aus dem Kühlschrank.

Fütterungstabus Rohes Fleisch, Knochen, verdorbene oder stark gewürzte Speisen, Hundenahrung sowie Schokolade gehören nicht in die Katzenschüssel. Rohes Fleisch kann Krankheitserreger enthalten, Knochen können Verstopfung und innere Verletzungen durch Splittern verursachen.

Katzen sind Generalisten, die sich problemlos von einer Beuteart auf die andere umstellen können. Auf dem Speiseplan frei lebender Katzen stehen Nagetiere, Vögel, Insekten, Eidechsen, aber auch Hausmüll.

Besonders gefährlich sind Geflügelknochen. Hundenahrung deckt den hohen Proteinbedarf der Katze nicht ab. Auch Süßigkeiten wie Schokolade sind für Katzen giftig.

Verdauung braucht Zeit Daher keine körperlichen Aktivitäten nach der Fütterung.

Frisches Wasser Stellen Sie immer frisches Wasser in einem Napf zur Verfügung, zu dem die Katze rund um die Uhr Zugang hat.

Auf die Waage Regelmäßige Gewichtskontrollen verschaffen Ihnen einen Überblick über Miezes Konturen. Fühlen Sie ab und zu, ob die Rippen der Katze unter dem Fell leicht zu spüren sind.

Kleine Gourmets Katzen sind kleine Gourmets auf vier Pfoten. Manche von ihnen werden zu so genannten Feinschmeckern und entwickeln Vorlieben für eine ganz bestimmte Futtersorte. Alle anderen werden mit gerümpfter Nase abgelehnt. Sollte die Marke eines Tages nicht mehr geführt werden, steht der Katzenbesitzer ziemlich ratlos da.

Handfütterung in Ausnahmefällen Nur kranke und schwache Tiere sollten von Hand gefüttert werden. Mieze stellt sich sonst schnell darauf ein und verweigert die Nahrung, die im Napf gereicht wird.

TIPP

Jagdspiele

Wie wärs mit einem Jagdspiel mit „echter" Beute? Nehmen Sie sich etwas Trockenfutter und werfen Sie die Kroketten einzeln. Die Katze jagt den Häppchen hinterher und kann sie erfolgreich „erlegen". Positiver Nebeneffekt: Auch Moppel müssen sich bewegen.

Körper- und Fellpflege
Katzen gelten als die reinlichsten Tiere und das mit Recht. Wohnungskatzen verbringen bis zu fünf Stunden täglich mit der Körper- und Fellpflege. Die Hauptarbeit leistet dabei die raue Katzenzunge. Dort wo die Zunge nicht hinkommt, hilft der angefeuchtete Pfotenrücken. Auch die Zähne werden beim Kürzen der Krallen eingesetzt.

Beim Putzen nimmt die Katze Haare auf, die anschließend entweder über den Verdauungstrakt oder in Form von Haarballen ausgewürgt werden. Besonders Katzen mit langem oder mittellangem Fell benötigen nicht nur eine Nahrung, die reich an Pflanzenfasern ist, sondern auch Hilfe bei der Fellpflege. Regelmäßiges Bürsten entfernt die überschüssigen abgestorbenen Haare und verhindert, dass das Tier bei der täglichen „Katzenwäsche" zu viele Haare schluckt.

Was sich Katzen wünschen

Wenn sich Katzen bei uns wohl fühlen sollen, müssen wir ihre Bedürfnisse kennen. Neben Liebe und Zuneigung sind Respekt, Regelmäßigkeit, Rituale und Rücksichtnahme gefragt. Das sind die vier „R", die Katzen zum Schnurren bringen:

Soviel Zeit muss sein! Mehrmals am Tag eine ausführliche Katzenwäsche.

Respekt
Respektieren Sie jede einzelne Katze als Individuum und mit den ihr eigenen Verhaltensweisen als Raubtier.

Regelmäßigkeit
Katzen schätzen pünktliche Mahlzeiten und einen geregelten Tagesablauf, denn sie sind Gewohnheitstiere.

Rituale
Tägliche Fixpunkte, wie Spiel-, Schmuse- und Streichelstunden geben Sicherheit und verstärken die Bindung. Auch der tägliche Gesundheitscheck, die Kontrolle von Fell (Zeckenbefall bei Freigängern), Augen, Ohren, Zähnen, After und Pfoten dauert wenige Minuten und ist ebenso wie der regelmäßige Tierarztbesuch bedeutend für die Gesundheitsvorsorge.

Rücksichtnahme
Das Leben mit einer Katze erfordert Rücksichtnahme in alltäglichen Situationen wie auch im Zusammenleben mit Kindern.

Katzen, Babys und Kinder

Die Geburt eines Babys ist kein Grund, für Ihren Stubentiger ein neues Zuhause suchen zu müssen. Die Katze an ein Baby zu gewöhnen ist einfacher, als sie später mit krabbelnden Kinder zu versöhnen. Denn viele Tiere haben bereits schlechte Erfahrungen mit Kleinkindern gemacht, die im Umgang mit Tieren noch nicht sehr geübt sind und daher grob mit ihnen umgehen. Bei Beachtung einiger Regeln ist auch ein harmonisches Miteinander von Kind und Katze möglich.

Vorbereitung muss sein

Nicht nur die zukünftigen Eltern sondern auch Mieze muss auf die Ankunft des neuen Erdenbürgers vorbereitet werden. Überlegen Sie sich bereits im Vorfeld, wie das Leben mit Baby und Katze ablaufen soll und welche neuen „Hausregeln“ sich infolge ergeben. Veränderungen sollten Sie bereits einige Zeit vorher einführen, damit die Katze die neuen Bräuche nicht mit der Ankunft des Babys in Zusammenhang bringt. So kann die Beziehung zwischen Kind und Katze unbelastet beginnen.

Regelmäßige Fellpflege ist ein Zeichen des Wohlbefindens Ihrer Katze.

CHECK

Was Eltern bedenken sollten

- *Sicherheit: Die Katze sollte niemals mit einem Baby oder Kleinkind allein gelassen werden, da ein Restrisiko nicht ausgeschlossen werden kann.*
- *Gesundheit: Katzen sollten gemäß tierärztlicher Weisung regelmäßig geimpft und vor Würmern und Flöhen geschützt werden.*
- *Eifersucht: Wenn nach der Ankunft des Babys plötzlich die Grundbedürfnisse der Katze nach sozialen Kontakten, Spielen sowie Pflege ignoriert beziehungsweise vernachlässigt werden, kann es zu eifersüchtigen Reaktionen des Tieres kommen.*

Respekt und Vertrauen

Katzen bestimmen gern selbst, wann und zu wem sie sozialen Kontakt aufnehmen beziehungsweise ob sie gestreichelt werden möchten. Warten Sie daher, bis die Katze von sich aus Interesse am Familienzuwachs zeigt, und zwingen Sie Mieze nicht zu einer Kontaktaufnahme.

Nervosität ist übertragbar. Wenn Sie fahrig werden, weil die Katze in der Nähe des Babys ist, überträgt sich Ihre Stimmung auf sie. Erlauben Sie Ihrem Stubentiger das vorbereitete Kinderzimmer zu inspizieren, sie darf jedoch nicht im Bett des Babys schlafen. Ist das Kind endlich zu Hause, gestatten Sie der Katze, das Baby in Augenschein zu nehmen, und lassen Sie Mieze bei der täglichen Babypflege zusehen. So verliert der Neuankömmling den Reiz des Neuen und Verbotenen und Mieze wird nicht ständig versuchen, das neue Familienmitglied aufzusuchen, wenn Sie nicht unmittelbar in der Nähe sind.

Aneinander gewöhnen

Nicht einfach aber erfolgreich ist es, sich um Baby und Katze fast zeitgleich zu kümmern. Denn schenkt man der Katze in Gegenwart des Babys vermehrte Aufmerksamkeit, wird sie es mit positiven Erfahrungen in Verbindung bringen. Das heißt, die Katze wird für braves Verhalten in Gegenwart des Kindes mit einem Leckerbissen belohnt oder gestreichelt. Wird der Vierbeiner ständig ignoriert, wenn der Nachwuchs wach ist, fühlt sich Mieze schnell vernachlässigt.

CHECK

Check für Kids
So behandelst Du Deine Katze richtig

- ❑ *Katzen sind kein Spielzeug. Behandle Deine Katze so, wie Du selbst behandelt werden möchtest.*
- ❑ *Streicheln will gelernt sein: immer vom Kopf zum Schwanz, mit der Haarwuchsrichtung des Fells. Und nur so lange, wie die Katze möchte.*
- ❑ *Absolut verboten: Ziehen am Schwanz oder am Fell. Das tut der Katze weh und sie wird sich mit ihren Krallen wehren.*
- ❑ *Wenn Deine Katze schläft, wecke sie nicht auf. Störe sie nicht beim Fressen und Trinken, auch nicht, wenn sie gerade die Katzentoilette benutzt.*
- ❑ *Blicke Deiner Katze nicht starr in die Augen. Katzen empfinden das als unhöflich! Blinzle sie lieber an.*
- ❑ *Katzen mögen keine groben und lauten Spiele.*
- ❑ *Kleine Spielsachen und Murmeln könnten von Deiner Katze verschluckt werden. Räume Deine Spielsachen daher immer „katzensicher“ weg.*

Mieze allein zu Hause

Katzen sind stark an ihr gewohntes Revier gebunden und Veränderungen sind ihnen ein Gräuel. Die heimische Umgebung und der gewohnte Tagesablauf geben Sicherheit und Geborgenheit. Mieze ist oftmals ganz froh, wenn sie vom jährlichen Urlaubsstress verschont bleibt und mit der richtigen Betreuung zu Hause bleiben darf. Wenn Sie keine Verwandten, Nachbarn oder Freunde haben, die bereit sind, sich während Ihrer Abwesenheit um die Katze zu kümmern, käme vielleicht ein Tiersitter infrage. Doch Betreuung ist mehr als nur Füttern und Katzentoiletten reinigen. Die Katze benötigt sowohl ihren gewohnten Zuspruch, ihre Schmuse- und Streicheleinheiten als auch ihre Spielstunde. Wichtig ist, dass der Catsitter sich bereits einige Zeit vor Ihrem Urlaub mit der Katze und ihren Vorlieben vertraut macht und von Ihnen alle relevanten Informationen betreffend Ernährung, Lieblingsspielzeug und mögliche Erkrankungen erhält. Vergessen Sie nicht, auch Ihre Urlaubsadresse sowie die Kontaktadresse Ihres behandelnden Tierarztes für eventuelle Notfälle zu hinterlassen.

Katzen in Pension
Katzenhotels oder Tierpensionen sind eine gute Alternative, wenn die Betreuung der Katze während des Urlaubs nicht durch Verwandte oder Freunde geregelt werden kann. Hören Sie sich bei Züchtern, Tierärzten oder anderen Katzenfreunden um, welche Tierpensionen empfohlen werden und statten sie dem Tierhotel einen Besuch ab.

Voraussetzungen
Folgende Voraussetzungen sollten auf jeden Fall erfüllt sein, bevor Mieze in die Pension geht:

Sauber und gepflegt Die Katzen sehen sauber und gepflegt aus. Die Räume, Futter- und Wasserschüsseln sowie Katzentoiletten sind sauber und werden täglich gereinigt.

Impfpflicht Nur Tiere, die einen gültigen Impfpass vorweisen können, entwurmt und entfloht sind, werden aufgenommen.

Futterwahl Es besteht die Möglichkeit, das Tier mit seinem gewohnten Futter zu ernähren.

Tierarzt vorhanden Es ist ein Tierarzt ausgewiesen, der die Tiere bei Bedarf betreut.

Schmusezeiten Es gibt auch „Personal" für Schmuse- und Spielzeiten.

Katzen bleiben lieber in der vertrauten Umgebung, als zu verreisen.

Kleine Snacks als Belohnung erleichtern die Katzenerziehung und locken beleidigte Tiere aus der Reserve.

Nicht ohne meinen Teddy
Lieblingsspielsachen dürfen mitgebracht werden.
Betreuungsvertrag Lassen Sie sich auch über gesetzliche Bestimmungen aufklären. Der Betreiber der Katzenpension hat eine diesbezügliche Berechtigung und bei der Übernahme des Tieres wird ein Betreuungsvertrag abgeschlossen.
Für Individualisten Es ist eine getrennte Haltung möglich, die sich nicht mit Artgenossen vertragen.
Katzenräume Die Tiere werden nicht in Käfigen gehalten, sondern in speziell für die Bedürfnisse von Katzen eingerichteten Räumen.

Endlich zurück

Zurückgekehrt aus dem Urlaub, werden Sie es kaum erwarten können, den geliebten Stubentiger in die Arme zu schließen. Doch Mieze kehrt Ihnen den Rücken zu und würdigt Sie keines Blickes. Kann passieren: Auch Katzen können beleidigt sein. Zusätzliche Streicheleinheiten, ein paar Leckerbissen oder ein gemeinsames Spiel lassen Mieze bald wieder Kontakt zu uns aufnehmen.

Noch etwas verärgert über Frauchens Urlaub, genießt Mieze doch ihre Anwesenheit.

Katzen in Aktion

Katzen spielen für ihr Leben gern, noch schöner ist das Jagen in freier Natur. Manchmal gehen Katzen auf Reisen und die ein oder andere wird auch zum viel umjubelten Star einer Ausstellung.

Katzen-Spiel

Spielen macht nicht nur Spaß, sondern ist auch für die Entwicklung der Katze und für die Mensch-Tier-Beziehung von Bedeutung. Spielen steht für Erziehung und Lernen, Fitness, Sozialkontakt, Kommunikation und Motivation. Gespielt wird mit Hingabe, entweder allein in Bewegungsspielen oder in gemeinsamen Spielen mit Artgenossen oder dem Lieblingsmenschen.

Eine ernsthafte Angelegenheit! Auch wenn uns das Spiel zweckfrei erscheinen mag, geschieht in der Natur selten etwas ohne Grund. Vor allem Jungtiere hoch entwickelter Säugetiere und Vögel geben sich in ihrer Jugend dem Spiel hin. Manchen Tieren aber, wie den Katzen, Hunden, Affen, Bären und Delfinen, bleibt das Spielinteresse auch im Erwachsenenalter erhalten. Der direkte Zusammenhang zwischen dem Spiel, dem Wachstum und der Entwicklung wird vor allem dann ersichtlich, wenn dieser Verknüpfung nicht Rechnung getragen wird. In der Folge kann es zu Fehlentwicklungen oder Verhaltensproblemen kommen.

So lassen sich jagen, spielen und Krallen schärfen unter einen Hut bringen.

Mit dem Geschwisterchen lässt es sich herrlich raufen und Spaß haben.

Training fürs Leben

Körper und Sinne Die Katze ist ein Raubtier und zum Jagen geboren! Der perfekte Körperbau und die Supersinne lassen sie beim Beutefang zur Höchstform auflaufen. Doch erst die Übung macht den Meister und aus tollpatschigen Kätzchen müssen noch geschickte Jäger werden. Im Spieltrainingslager kleiner Katzen wird mit den Geschwisterchen intensiv geübt. Vor allem Handlungsabläufe aus diversen Verhaltensbereichen, deren Bedingungen erst im Erwachsenenstadium gegeben sind, werden erprobt. Einige Spielelemente stammen aus dem Bereich des Beutefangs oder dem Sexualverhalten. Unermüdlich und übertrieben mutet das Spiel kleiner Kätzchen an. Aber die Tiere machen sich nicht nur körperlich fit, auch das Wahrnehmungs- und Reaktionsvermögen wird geschult und dabei wird die Verhaltensflexibilität gesteigert.

Soziale Kompetenz Spielen macht nicht nur Spaß, sondern spielt auch für die soziale Entwicklung der Katze und für die Anbahnung und Festigung von Beziehungen eine entscheidende Rolle. Spielerisch werden Erfahrungen im Umgang mit Artgenossen gesammelt und die Kontrolle der eigenen Aggression erlernt. Begreift das Kätzchen doch viel schneller, wie stark es zubeißen darf, wenn sich der Spielpartner abwendet oder mit einem Pfotenhieb oder gar einem Gegenbiss reagiert. Aber nicht nur Artgenossen sind als Spielpartner gefordert! Positive Erfahrungen mit dem Menschen und intensive Beschäftigung im Spiel machen die Katze zu einem aufgeschlossenen Kameraden. Die Lernbereitschaft eines jungen Tieres ist

TIPP

Für eine harmonische Mensch-Tier-Beziehung
Die tägliche Beschäftigung mit Ihrer Katze bildet die Basis für eine harmonische Mensch-Katze-Beziehung. Eine Freilaufkatze wird wahrscheinlich weniger Spielzeit von Ihnen fordern als eine Wohnungskatze, aber dennoch schätzt sie auch das Spiel mit Ihnen.

während der Spielphasen am größten und so kann alles Neue spielerisch vermittelt werden, was das Kätzchen für das spätere Leben lernen soll.

Alle Katzen spielen
Kätzchen lernen spielerisch und erwachsene Katzen halten sich damit fit. Wild lebende Katzen ersetzen das Spiel bald durch die Jagd und unsere Zimmertiger müssen ihr Spiel verstärken, um überschüssige Energien abbauen zu können. Visuelle und akustische Reize motivieren nicht nur die Freilaufkatze zum Beutefang, sondern animieren auch unsere Wohnungskatze zu spielerischen Aktivitäten. Freilaufkatzen verbrauchen viel Energie bei der Jagd, da nur jeder 15. Jagdversuch erfolgreich ist. Auch Wohnungskatzen müssen ihren Jagdtrieb ausleben können und daher ihre überschüssigen Kräfte im Spiel abbauen. Ist dies nicht möglich, veranstalten vor allem einzeln gehaltene und unterbeschäftigte Katzen spielerisch-aggressive Angriffe auf Frauchen oder Herrchen. Die Reaktionen des Besitzers – wie Erschrecken, Schreien oder Spielzeugwerfen – bringen Aufregung in den manchmal sehr eintönigen Katzenalltag. Die Katze findet das neue Jagdspiel prima, Hauptsache, es schenkt ihnen jemand Beachtung, denn auch negative Aufmerksamkeit wie Schimpfen oder Schreien ist besser als gar keine. Die Besitzer zeigen weniger Begeisterung.

Im Spiel üben Kätzchen bereits Elemente des Jagdverhaltens.

WICHTIG

Spiel als Stimmungsbarometer
Das Spiel ist ein Indikator für das Wohlbefinden! Tiere, die unter Stress stehen, Angst haben oder krank sind, spielen weniger beziehungsweise gar nicht mehr. Nur in ihrer vertrauten Umgebung und wenn sich die Katze wohl fühlt, bereitet ihr das Spiel Vergnügen.

Spielregeln

Spielpartner
Mit Artgenossen lässt es sich wild durch die Wohnung toben oder herumbalgen. Der bevorzugte Spielpartner der Katze ist jedoch der Mensch.

Spieldauer
Am besten ca. eine Stunde pro Tag, aufgeteilt in kleine Zeiteinheiten. 10 bis 15 Minuten sind eine ideale Länge für eine Spielphase, da Katzen nichts von Ausdauersport halten. Meist signalisiert sie ihre Ermüdung dadurch, dass sie das Interesse verliert und den Spielplatz verlässt.

Spielzeiten
Katzen lieben die Regelmäßigkeit und stellen sich auf Termine ein. Spielaktivitäten nach der Fütterung sind tabu, denn auch die Verdauung benötigt ihre Zeit. Respektieren Sie Ruhezeiten und Körperpflegerituale Ihrer Katze.

Spielablauf
Der Mensch bestimmt Beginn und Ende des Spiels. Gönnen Sie Ihrer Katze ein Erfolgserlebnis und lassen Sie Mieze das Mäuschen erwischen, sonst verliert sie schnell die Lust am Spiel.

Spieltempo
Das Temperament der Katze ist unbedingt zu berücksichtigen. Zu wilde Spielweisen verursachen Stress und belasten junge und ängstliche Tiere.

Der ideale Fitnessplatz für Samtpfoten: verstecken, anschleichen, jagen, springen und Krallen schärfen ist möglich.

Rücksicht beim Spiel

Alter, rassespezifische Unterschiede, Charakter, individuelle Reife, Gesundheitszustand und Erfahrungswerte sind wesentliche Faktoren, die beim Spiel berücksichtigt werden müssen. Das bedeutet, dass sich junge Tiere zum Beispiel, trotz allen Spieleifers, nicht so lange auf Übungen konzentrieren können, wie erwachsene Tiere. Auch bei ausgewachsenen Katzen muss auf die körperliche Konstitution und Konzentrationfähigkeit geachtet werden. Ruhepausen schützen den tierischen Spielpartner vor körperlicher und seelischer Überforderung. Bitte beachten Sie eine eventuelle Verletzungsgefahr für Ihr Tier und veranlassen Sie die Katze nicht zu wilden Sprüngen in der Nähe von scharfen Kanten.

Spielsachen

Bälle, Federwedel oder Fellmäuse sind tolle Spielsachen. Noch besser ist es, wenn der Mensch sich für das tägliche Spiel Zeit nimmt. Vorsicht bei Spielzeug mit Gummibändern oder kleinen, leicht zu verschluckenden Teilen.

Spielerische Erziehung

Im Spiel lässt sich allerhand lernen. Bei gezeigtem Erfolg des Spieles sollten Sie Mieze mit viel Lob oder auch einem Leckerbissen belohnen. Bei Misserfolg nicht schimpfen.

Auftritt der Akteure

Brauchbare Bewegungsabläufe

Bereits mit fünf Wochen trainieren Kätzchen spielerisch Bewegungen, die sie später zu ausgezeichneten Jägern machen. Viele Beutefanghandlungen sind auch in den spielerischen Aktivitäten unserer Wohnungskatze wiederzufinden. Mäusesprung, Fischangeln und Vogelhaschen sind im Spiel zu beobachten.

Mäusesprung

Mit den Hinterpfoten steht die Katze fest auf dem Boden, der Vorderkörper richtet sich auf, dreht sich seitwärts, und mit gestreckten Vorderpfoten wird auf die scheinbare Beute gesprungen. Markant dabei ist, dass die Katze nicht in die Höhe springt, sondern von oben herab.

Nach einem aufregenden Spiel schläft Mieze auch im Eifer des Gefechts ein.

Vorsichtig anstubsen, ob es sich bewegt!

Fischangeln
Um einen Fisch an Land zu ziehen, ist einiges an Geschick und Kraft notwendig. Mit ausgefahrenen Krallen und einem seitlich ausholenden Hieb erfolgt der Schlag auf die Beute, ganz so wie die Bären dies bei ihrem jährlichen Lachsfang tun.

Vogelhaschen
Wenn Sie beim Spiel mit Ihrer Katze öfter eine Spielangel einsetzen, dann kennen Sie diese Bewegungen sicher nur allzu gut. Die Katze versucht zunächst sitzend mit der Vorderpfote und ausgefahrenen Krallen nach der Beute zu fassen, die über ihr an der Angel schaukelt. Kann sie das Objekt der Begierde nicht erhaschen, folgt blitzschnell der Sprung aus dem Stand in die Luft.

Spieltypen

Manche Katzen spielen allein, viele mit ihren Artgenossen, doch alle lieben das Spiel mit ihrem Menschen. Je nach Temperament, Wesen und Vorlieben ziehen manche Tiere geruhsame Spiele vor, andere mögen es lieber wild. Mancher Stubentiger möchte sich nicht nur austoben, sondern auch sein Köpfchen trainieren.

Die Solisten
Katzen, die allein spielen, sind in der Minderheit. Die Einzelspieler unter den Katzen bevorzugen entweder reine Bewegungsspiele, wie durch die Wohnung jagen oder am Kletterseil schaukeln, oder so genannte Objektspiele. Beliebte Spielobjekte sind Mäuschen, Stoffsäckchen mit Katzenminze-Duft oder Bälle.

Katze mit Katze
Mit einem Artgenossen ist das Leben viel spannender, das Rumtoben macht mehr Spaß und schnell können sich wilde Kampfspiele ergeben. Versteckspiele im Raschelsack oder Katzentunnel sind sehr beliebt.

Katze mit Mensch
Die Bezugsperson ist der liebste Spielpartner. Spannend ist jedes Spiel mit dem Menschen, der für die Katze Fellmäuschen zum Leben erweckt und die Federn an der Spielangel einem Vogel gleich durch die Luft schwirren lässt. Motto des Spiels ist Teamwork: der Mensch bewegt, die Katze jagt.

Spielideen

Katze ist nicht gleich Katze und jedes Tier hat individuelle Vorlieben für bestimmte Spiele. Nachfolgend einige Anregungen für spannende Spiele zwischen Mensch und Tier:

Ballspiele
Bälle stehen in der Beliebtheitsskala ganz oben. Ein leichter Pfotenhieb oder Schubs von Menschenhand, der Ball setzt sich in Bewegung und Mieze jagt hinterher. Im Zoofachhandel gibt es vom einfachen Ball bis zum Luxusball, der im Dunkeln leuchtet oder von allein wieder zurückrollt, alles. Besonders beliebt sind Snackbälle, die den Jagdtrieb der Katze anregen. Die Bälle werden mit Trockenfutter befüllt. Wenn die Katze mit dem Bällchen spielt, wird ab und zu eine Krokette herausfallen. Diese Belohnung wird die Katze immer wieder neu animieren. Auch Katzenfußball macht Spaß. Die Katze bezieht die Position des Tormannes vor einer Mauer oder in einer Ecke. Der Mensch rollt den Ball auf die Katze zu.

Beim Spiel möchte Mieze als Siegerin hervorgehen und die Spielbeute ihr eigen nennen.

Die Katze wird versuchen, den Ball zu halten, um ihn zurückzuschießen. Auch das Spiel mit nicht zu schweren Bällen aus Vollgummi macht Spaß. Lassen Sie den Ball auf den Boden springen, während die Katze versucht, ihn zu erhaschen.

TIPP

Auf Augenhöhe
Katzen lieben es, wenn ihr Spielpartner sich auf gleicher Höhe befindet. Beweisen Sie Fitness und begeben Sie sich auf den Boden, um mit Ihrer Katze zu spielen.

Nach dem Toben muss man ruhen. Die Spielmaus behält Mieze sicherheitshalber im Maul.

Such-, Versteck- und Angelspiele

Katzen sind fasziniert von Höhlen: sehen und nicht gesehen werden! Große Kartons, in die Ein- und Ausgänge geschnitten werden, sind ideale Versteckmöglichkeiten. Seidenpapier oder Luftschlangen, die rascheln, sind ausgezeichnet zum Toben, Verstecken und Anschleichen geeignet. Aber auch eine wilde Verfolgungsjagd mit dem Menschen macht Spaß.

Zum Fischen und Angeln schneiden Sie ein ausreichend großes Loch in eine Toiletten- oder Küchenpapierrolle und verschließen die beiden Enden mit Seidenpapier.

Lassen Sie Ihre Katze nach Trockenfutter oder einem Mäuschen angeln. Sie können aber auch ein weites Gefäß mit etwas Wasser befüllen und Ihre Katze nach schwimmenden Korken fischen lassen. Auch ein Stöpsel, an eine Schnur gebunden, der langsam unter einer Decke oder einem Teppich durchgezogen wird, wird zur begehrten Beute.

Spielangeln und Federwedel sind optimal geeignet, um den Jagdtrieb der Katze zu stimulieren. Bei diesem Spiel ist Schnelligkeit, Fitness und Reaktionsfähigkeit gefragt; und es lässt sich herrlich mit dem Menschen und dem Artgenossen spielen. Wenn Federbüschel oder Mäuschen an der Angel tanzen, ist Mieze nicht mehr zu halten. Noch aufregender wird die Jagd, wenn das Mäuschen an der Angel – genau wie eine richtige Beute – sich hinter dem Tischbein versteckt.

Wenn Sie den ganzen Tag außer Haus sind, ist es wichtig, Ihren

TIPP

Hände sind tabu

Spielen Sie keine Kampfspiele mit der Hand, denn die Katzen lernen dabei, dass das Beißen und Kratzen anscheinend in Ordnung ist. Aggressive Spiel- und Verhaltensweisen können die Folge sein.

Schon etwas müde vom Spiel, genießt die Katze die Streicheleinheiten ihres Menschen.

Katzen einen interessanten Tag zu gestalten. Verstecken Sie doch einmal Trockenfutterkroketten in der Wohnung, die Ihre Katze suchen kann, während Sie unterwegs sind.

Spielzeug für alle Sinne

Gutes Spielzeug spricht alle Sinne an: Augen, Nase, Ohren und Pfoten sowie Krallen wollen eingesetzt werden! Eine große Auswahl an gut sortiertem Katzenspielzeug ist im Zoofachhandel erhältlich, auch Dinge, die duften und rascheln.

WICHTIG

Vorsicht, gefährliches Spielzeug

> Bälle sollten mindestens die Größe eines Tischtennisballes haben, damit sie nicht beim Spiel versehentlich verschluckt werden können. Sind sie kleiner, kann die Katze daran ersticken. Murmeln sind ebenfalls ungeeignet.

> Das Spielzeug darf nicht scharfkantig sein oder im Eifer des Gefechts splittern. Das könnte Verletzungen im Maul oder an den Pfoten verursachen.

> Überprüfen Sie das Spielzeug auf kleine, leicht zu verschluckende Teile, zum Beispiel, ob sich die Augen bei Spielmäuschen leicht ablösen lassen. Entfernen Sie diese Teile vor Spielbeginn, damit Ihre Katze sie nicht abmontiert.

> In Wollknäueln kann sich die Katze mit den Krallen verheddern und in Plastiksäcken besteht Erstickungsgefahr.

> Spielsachen sollten frei von giftigen Farbstoffen und Beschichtungen sein.

CHECK

Spieltypen

Wissen Sie, zu welchem Spieltyp Ihre Katze gehört? Kreuzen Sie an, welche Aussagen auf sie zutreffen. Vielleicht entdecken Sie ja auch ganz neue Seiten an ihr.

	ja	nein
 ***Entdecker und Forscher*** *Neugierig wird alles und jeder in der Wohnung untersucht und sogar die Tasche von Frauchen nach jeder Heimkehr kontrolliert. Besonderes Geschick zeigt sie beim Aufspüren von Leckerlis.*	❑	❑
Raufbold und Jäger *Sie balgt gern mit Artgenossen, aber auch das Sofakissen lässt sich herrlich mit den Pfoten traktieren. Alles lohnt sich zu erjagen, Mäuschen, Bälle, auch die Zehen und Knöchel des Menschen haben eine anziehende Wirkung.*	❑	❑
Akrobat und Sportler *Kein Schrank ist zu hoch und kein Ball rollt zu weit. Klettern und Laufen sind ihre Leidenschaft und die Energie scheint grenzenlos.*	❑	❑
Alleinunterhalter *Erfindungsreich wird jeder Gegenstand zum Spielzeug und beim kleinsten Aufkommen von Langeweile wird die Wohnung auf den Kopf gestellt.*	❑	❑
 ***Softie*** *Neues Spielzeug verunsichert und es dauert einige Zeit, bis sich Mieze aus ihrem Versteck traut, vor allem, wenn Besuch kommt. Sanfte Spiele mit dem Menschen mit anschließender Schmusestunde machen ihr am meisten Spaß.*	❑	❑
Spielmuffel *Ein normales Bällchen ist zu langweilig. Spielsachen müssen rasseln und rascheln oder nach Katzenminze duften. Noch besser ist es, wenn der Mensch mitspielt und die Fellmäuschen in hohem Bogen durch die Luft geworfen werden, da erwacht auch der Spielmuffel zum Leben.*	❑	❑

Abenteuer Freilauf

Beim Freilauf scheiden sich die Geister der Katzenhalter. Während die einen voraussetzen, dass die Katze arttypische Verhaltensweisen nur mit der Möglichkeit zum Freilauf ausleben kann, behaupten die anderen, dass auch Wohnungskatzen glückliche Tiere sind. Fakt ist, dass bei einer Katze in reiner Wohnungshaltung Lebensqualität ein Muss ist, und viel Zeit für Betreuung, Spiel- und Schmusestunden eingerechnet werden muss. Wenn Sie sich entscheiden, Ihrer Katze Freilauf zu ermöglichen, sollten Sie wissen, dass der Ausflug in die Freiheit mit einigen Gefahren verbunden ist, und Wohnungskatzen in der Regel eine höhere Lebenserwartung haben. Bei Patrouillengängen durch das Revier kann es durchaus zu ernsthaften Auseinandersetzungen mit Artgenossen kommen. Durch Begegnungen mit anderen Katzen sind die Tiere auch einem höheren Infektionsrisiko ausgesetzt. Die größte Bedrohung geht jedoch vom Straßenverkehr aus, da die Tiere die Geschwindigkeit der herannahenden Autos nicht immer abschätzen können oder von den Scheinwerfern geblendet werden. Abenteuerlich ist das Leben einer Freilaufkatze auf jeden Fall, bietet es doch die Möglichkeit zur einzig wahren Berufung des Raubtieres, zur Jagd.

In der freien Natur kann die Katze Verhaltensweisen, wie Erkunden, Beobachten, Verstecken, Jagen und Markieren uneingeschränkt ausleben.

INFO

Der Ruf der Freiheit

Meistens gibt es Probleme, wenn man eine Katze, die Freilauf gewöhnt ist, zur reinen Wohnungshaltung überreden möchte. Der Verzicht auf die täglichen Streifzüge ist eine große Veränderung im Leben der Katze und wird nur von wenigen Tieren akzeptiert. Es gibt jedoch viele Katzen, die im Winter in der Wohnung leben und die restliche Zeit des Jahres über Freigang verfügen.

Mit speziellen Katzennetzen kann man den Garten einzäunen. Das gewährt der Katze sicheren und kontrollierten Freigang.

TIPP

Tipps für den Freilauf

› Ist Ihre Katze gechipt? Wurde sie auch in einer Tierkennzeichnungsdatenbank registriert? So kann ein vermisstes Tier wiedergefunden werden.

› Trägt Ihre Katze ein Halsband mit Adresse? Haben Sie ein Sicherheitshalsband mit einer Sollbruchstelle gekauft, das bei starker Belastung reißt? Viele Katzen bleiben bei der Jagd mit dem Halsband in Ästen hängen und können sich dann nicht mehr befreien.

› Ist Ihre Katze gegen Katzeninfektionskrankheiten und gegen Tollwut geimpft? Haben Sie auch gegen Zecken, Flöhe und Würmer vorgesorgt? Regelmäßige tierärztliche Kontrollen sind ein Muss.

› Ist Ihre Katze kastriert?

› Haben Sie auch über Möglichkeiten des kontrollierten Freilaufs nachgedacht? Folgende Möglichkeiten bieten sich an: Katzenklappen, die bei Ausgehverbot einfach verschlossen werden, Außengehege oder Freigang an der Leine.

Katzen an der Leine?

Das haben Sie sich sicher auch schon gefragt: Im städtischen Erscheinungsbild sieht man Hunde, die an der Leine gehen. Sind sie die einzigen Haustiere, die das Privileg genießen, ihre Menschen im alltäglichen Leben und auch auf Reisen begleiten zu dürfen? Hunde sind ausgesprochen soziale Tiere, ihre Lebensform ist das Rudel und der Mensch übernimmt die Rolle des Rudelpartners.

Katzen hingegen haben ein anderes Sozialverhalten, sie gelten als Individualisten und bestimmen gern selbst, wie sie ihren Tagesablauf organisieren. Dem Großteil der Katzen liegt es fern, den Hunden in puncto Leinenführigkeit den Rang abzulaufen. Dennoch ist es möglich, Katzen an die Leine zu gewöhnen.

Es ist für die Katze nicht lebensnotwendig, dass sie es erlernt, dennoch kann es in bestimmten Situationen hilfreich sein. Vor allem in Notsituationen kann es wichtig werden, die Katze schnell an einen Ort oder zu einem Tierarzt bringen zu können. Beachten Sie bitte, dass nicht jedes Tier leinentauglich ist und Katzen jede Art von Zwang verabscheuen.

Was Sie beachten sollten

Bevor Sie Ihre Katze an die Leine gewöhnen, gilt es, einige Grundregeln zu beachten:

Voraussicht gefragt Die Katze ist auf Sie angewiesen, wenn sie an der Leine ist. Sie müssen die Umgebung im Auge behalten, denn bei eventuellen Gefahren kann sie nicht, wie sonst üblich, auf einen Baum ausweichen, um sich in Sicherheit zu bringen.

Hunde meiden Daraus ergibt sich die zweite Regel: Gehen Sie Hunden aus dem Weg und meiden Sie Straßen mit starkem Verkehr.

Impfschutz Darf die Katze vor die Tür, benötigt sie Impfschutz sowie Floh- und Zeckenvorsorge.

Identität Ein Anhänger mit Ihrer Adresse beziehungsweise ein Mikrochip-Implantat sorgen dafür, dass man Sie als Besitzer ausfindig machen kann, sollte Ihnen die Katze beim Spaziergang entkommen.

Leinenführigkeit Katzen gehen nicht wie Hunde an der Leine, sondern ziehen in alle erdenklichen Richtungen. Lassen Sie Ihre Katze führen und ziehen Sie nicht an der Leine.

Katzengeschirr und Leine

In erster Linie müssen Sie zuerst ein Katzengeschirr und eine Leine kaufen. Aus einem Brustgeschirr kann die Katze nicht so leicht herausschlüpfen wie aus einem Halsband. Voraussetzung für beide ist, dass sie optimal sitzen, das heißt, Sie können nicht mehr als zwei Finger zwischen Geschirr und Katze schieben. Das Halsband darf auf keinen Fall so eng gewählt werden, dass die Katze gewürgt wird. Am leichtesten lassen sich Kätzchen von klein auf an die Leine gewöhnen. Ältere Tiere finden weniger Gefallen daran.

Achtlos liegen lassen

Haben Sie Brustgeschirr und Leine erworben, lassen Sie beides in der Wohnung liegen. Katzen sind neugierige Tiere und Ihr Stubentiger wird die Utensilien bald begutachten. Nach einigen Tagen geben Sie der Katze Leckerbissen oder Trockenfutterkroketten an der Stelle, wo Leine und Geschirr deponiert sind. Lässt sich Ihre Katze beim Fressen nicht durch das neue Zubehör beeindrucken, können Sie zum nächsten Schritt übergehen.

Geschirr anziehen

Legen Sie der Katze das Geschirr an und geben Sie ihr sofort einen Leckerbissen. Macht die Katze den Eindruck, als ob sie dieses neue Ding um ihren Brustkorb stören würde, dann versuchen Sie sie durch ein Spiel abzulenken. In den nächsten Tagen legen Sie ihr einmal täglich das Brustgeschirr an, bis sie sich daran gewöhnt hat. Steigern Sie die Zeitdauer, in der das Geschirr getragen wird, Schritt für Schritt: von einer Minute bis zu zehn Minuten.

Freie wagen. Es wird einige Zeit dauern, bis die Katze Ihnen an der Leine folgt. Folgt die Katze, dann ist viel Lob angesagt, um die Verhaltensweise zu bekräftigen.

In ihrem Revier suchen Katzen regelmäßig ihre Lieblingsplätze auf, die oftmals sehr versteckt liegen.

Angeleint

Hat es keine Rückfälle in Form von nervösem, ängstlichen oder aggressivem Verhalten gegeben, können Sie nun die Leine am Geschirr befestigen. Lassen Sie Ihre Katze frei in der Wohnung herumlaufen und passen Sie auf, dass die Leine nirgendwo hängen bleiben kann. Wiederholen Sie das Anleinen wie beim Brustgeschirr mit steigender Dauer. Wenn Sie das erste Mal die Leine in die Hand nehmen, darf die Katze keinen Zug spüren. Üben Sie zuerst in der Wohnung, bevor Sie sich ins

Mieze vermisst

Jeder Katzenhalter, dessen Katze Freilauf genießt, kennt und fürchtet den Gedanken, dass Mieze eines Tages nicht mehr nach Hause kommt. Das Warten auf die Rückkehr des geliebten Tieres wird von dunklen Überlegungen begleitet: Wurde die Katze von einem Auto angefahren und liegt verletzt am Straßenrand? Wurde Sie vielleicht im Wald von einem Jäger erschossen? Ist sie irrtümlich in einem Wochenendhaus eingesperrt worden? Oder wurde sie gar von Tierfängern gekidnappt? Wenn ein tagelanges Ausbleiben für Ihre Katze unüblich ist, sollten Sie sich aktiv auf die Suche machen.

Katzen mit Freilauf erneuern regelmäßig ihre Harnmarkierungen und kennzeichnen so die Grenzen ihres Reviers.

Notfallplan

Schritt 1: Nähere Umgebung absuchen

Suchen Sie Ihr Haus vom Keller bis zum Boden ab. Schauen Sie in jede Ecke und in jeden Winkel. Nehmen Sie sich anschließend das Grundstück vor. Dasselbe gilt natürlich auch für Wohnungen. Bedenken Sie, dass Katzen Meister im Verstecken sind. Vielleicht wurde das Tier auch unbemerkt eingesperrt? Rufen Sie die Katze bei ihrem Namen und rascheln Sie mit einer Futterpackung.

Schritt 2: Suchradius ausdehnen

Suchen Sie die umliegende Gegend ab und fragen Sie auch bei Ihren Nachbarn nach, ob Mieze gesehen wurde. Ein aussagekräftiges Foto kann wertvolle Dienste leisten und den Befragten Auskunft geben, wie das vermisste Tier aussieht. Denn Tigerkatze ist nicht gleich Tigerkatze, und nicht jeder weiß, wie bestimmte Rassekatzen aussehen. Suchen Sie nicht nur tagsüber, sondern auch in den Morgen- und Abendstunden. Katzen sind dämmerungsaktive Tiere und gehen zu dieser Zeit auf die Jagd. Besonderes Augenmerk sollten Sie auf verlassene Häuser, Schuppen und Scheunen legen. Mieze könnte bei einer Besichtigungstour versehentlich eingesperrt worden sein.

Schritt 3: Suchzettel

Fertigen Sie Plakate an und verteilen Sie diese an Nachbarn oder heften Sie sie an Laternenpfähle und Pinnwände in Supermärkten. Der Flyer sollte ein Foto Ihrer Katze sowie den Namen, Ihren Namen, Adresse und Telefonnummer enthalten sowie die Daten, wann und wo das Tier verschwunden ist. Auch ein Finderlohn kann sehr hilfreich sein. Fragen Sie auch bei Tierheimen nach, vielleicht wurde das Tier dort abgegeben.

Schritt 4: Behörden informieren

Fragen Sie bei der Polizei oder bei den Straßenmeistereien nach, ob es Verkehrsunfälle mit Haustieren gegeben hat. Auch die örtlichen Tierärzte sollten Sie informieren, vielleicht wurde das Tier in einer Praxis zur Behandlung vorgestellt. Ist Ihre Katze mit einem Mikrochip versehen und bei einer Tierdatenbank registriert, kann sie vielleicht auf diesem Weg gefunden werden. Vielleicht kehrt sie auch von allein zurück.

Katze auf Reisen

Reisetiger sind sie keine, unsere Katzen, doch manchmal geht es nicht anders und Frauchen und Herrchen müssen begleitet werden. Katzen hängen an ihrem Revier und an ihren Gewohnheiten und schätzen es gar nicht, wenn sie dem Stress von Veränderungen ausgesetzt werden. Im Zweifelsfall sollten Sie davon ausgehen, dass sich Ihre Katze zu Hause wohler fühlt, wenn Sie ein bis zwei Wochen in den Urlaub fahren. Haben Sie jedoch eine längere Reise geplant oder besitzen ein Ferienhaus, in dem Sie den Sommer verbringen, wird Ihre Katze wohl mitfahren müssen.

Nicht nur bei Flügen und Bahnfahrten müssen die Transportbestimmungen aus Sicherheitsgründen eingehalten werden, sondern auch auf Reisen in Herrchens oder Frauchens Flitzer. Ein Transport der Katze im Fahrzeug ohne Transportbox ist gefährlich und nicht zulässig.

CHECK

Reiseliste für Katzen

- ☐ *Besorgen Sie bei Reisen mit der Bahn oder mit dem Flugzeug die nötigen Transportvorschriften.*
- ☐ *Erfragen Sie die Einreisebestimmungen für das Reiseziel.*
- ☐ *Gehen Sie rechtzeitig zum Tierarzt, um die Impfungen aufzufrischen. Lassen Sie sich eine Reiseapotheke vorbereiten.*
- ☐ *Der EU-Heimtierausweis für Katzen auf Reisen ist verpflichtend. Dieser Pet Pass belegt, dass das Tier gegen Tollwut geimpft und mit einem Mikrochip gekennzeichnet ist.*
- ☐ *Stellen Sie das Reisegepäck für die Katze zusammen (Futter- und Wassernapf, Spielzeug, Kuscheldecke, Bürste, Katzengeschirr und Leine). Erkundigen Sie sich, ob am Urlaubsziel die Nahrung erhältlich ist, die Ihre Katze gewohnt ist, und ob das Wasser Trinkwasserqualität aufweist. Eventuell müssen Sie auch eine Katzentoilette und die gewohnte Einstreu mitnehmen.*

Es geht auf eine Ausstellung

Sie sind sich sicher, dass Ihr Liebling die schönste Katze ist, der Sie jemals begegnet sind? Dann ist eine Katzenausstellung vielleicht eine Möglichkeit, ihre Schönheit auch anderen Katzenfans zu präsentieren.

Seit der ersten Katzenausstellung 1781 im Kristallpalast in London finden jährlich weltweit Schönheitswettbewerbe für Katzen statt, wo vorwiegend Züchter aber auch Privatpersonen Katzen jeder Rasse zeigen. Alle vierbeinigen Teilnehmer müssen genau definierten Rassekriterien entsprechen, denn jeder Katzenrasse wird ein Rassestandard zugrunde gelegt. Gestalt und Körperbau, Kopfform, Augen, Nase und Ohren sowie Farbe und Fellzeichnung sind entscheidend. Je ähnlicher die Katze dem festgelegten Rassestandard ist, desto größer ist ihre Chance, Champion zu werden. Aber auch die europäische Hauskatze beziehungsweise Rassekatzen ohne Stammbaum können bei einer Katzenshow mitmachen und einen Titel erzielen.

Vorbereitungen für die Show
Haben Sie sich und Ihre Katze für die Show angemeldet, dann geht es an die Vorbereitungen, die eine Menge Zeit erfordern. Es gilt, nicht nur die Anreise zur Show, Hotelaufenthalt etc. für sich und die Katze zu planen, Sie müssen auch an Ihre Katze und das Ausstellungszubehör denken.

Impfpflicht und Reglements
Auf Katzenausstellungen sind nicht nur viele Katzen und ihre stolzen Besitzer anzutreffen, es kommen auch viele Besucher, um die Katzenschönheiten zu bestaunen. Die Katze ist auf der Show einem erhöhten Infektionsrisiko ausgesetzt und sollte daher über ausreichenden Impfschutz verfügen. Gesundheitsstatus und Impfpass werden auch vom Show-Tierarzt kontrolliert, wenn Sie mit Ihrer Katze die Ausstellungshalle betreten. Beachten Sie bitte, dass die Vereine unterschiedliche Reglements haben! Detaillierte Informationen betreffend der Teilnahmebedingungen sind über die Zuchtverbände erhältlich.

Transportkörbe bedeuten meistens Stress, entweder geht es auf Reisen oder zum Tierarzt.

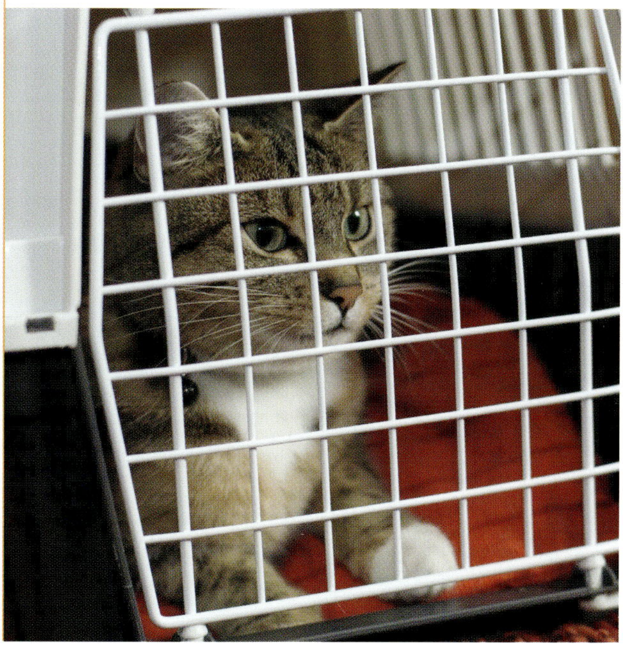

Beziehungs-krisen

Wenn Katzen Probleme machen, geschieht das niemals ohne Grund. Während wir Menschen über Schwierigkeiten im zwischenmenschlichen Zusammenleben sprechen können, muss die Katze ihren Unmut durch ihr Verhalten zum Ausdruck bringen.

Krankheiten ausschließen

Wenn Katzen körperliche Probleme haben, benehmen sie sich plötzlich anders als gewohnt. Daher sollten Sie eine eventuelle Erkrankung durch einen Tierarzt ausschließen lassen, bevor die Ursachen für das veränderte Verhalten in der Mensch-Tier-Beziehung oder im unmittelbaren Lebensumfeld gesucht werden.

Spielen hilft

Beziehungskrisen können durch so genannte „Spieltherapien" behoben werden: Sie verändern die interaktiven Grundregeln zwischen Tier und Tierhalter zum Positiven, stärken die Mensch-Tier-Beziehung, stillen das Bedürfnis des Tieres nach körperlicher und geistiger Beschäftigung, und verbessern auch die Beziehungen zu Artgenossen. Spiel- und Beschäftigungsprogramme sollten individuell auf die betreffende Katze, unter Einbezug des Tierhalters, abgestimmt werden. Wesen, Aktivitätsgrad, Spielvorlieben und Lebensumfeld müssen dabei berücksichtigt werden.

WICHTIG

Gesundheits-Check bei Verhaltensänderungen
Krankheiten führen auch dazu, dass Katzen ihr Verhalten ändern, oft schon, bevor körperliche Beschwerden für den Tierhalter ersichtlich werden. So kann Teilnahmslosigkeit auf Magen-Darm-Probleme, vermehrtes Lecken der Genitalregion auf Erkrankungen der Ausscheidungs- oder Geschlechtsorgane, Aggressivität auf Schmerzen und Futterverweigerung auf Zahnbeschwerden und Zahnfleischentzündungen hindeuten. Eine Konsultation des Tierarztes Ihres Vertrauens ist daher unerlässlich!

CHECK

Beziehung auf dem Prüfstand

Treffen eine oder mehrere Aussagen auf Ihre Katze zu, kündigen sich Beziehungsprobleme an. Räumen Sie Missverständnisse gleich aus dem Weg. Lernen Sie die Verhaltensweisen Ihrer Katze verstehen und reagieren Sie entsprechend auf Probleme.

- ☐ *Ihre Katze zeigt in bestimmten Situationen Verhaltensweisen, die Sie stören.*
- ☐ *Sie schimpfen öfter mit Ihrer Katze.*
- ☐ *Ihre Katze ist überwiegend ängstlich oder nervös.*
- ☐ *Ihre Katze ist meist aufdringlich und fordert ihre Wünsche laut klagend ein.*
- ☐ *Manchmal passieren „Unfälle" außerhalb der Katzentoiletten.*
- ☐ *Sie werden von Ihrer Katze öfter angefaucht und manchmal auch durch Kratzer und Bisse verletzt.*
- ☐ *Ihre Katze zerkratzt Tapeten oder Möbelstücke.*
- ☐ *Sie haben in letzter Zeit verändertes Verhalten bei Ihrer Katze festgestellt.*

Probleme erkennen und lösen

Auf folgende Arten sagt Ihnen Ihre Katze, dass sie ein Problem hat:

Ängstliches Verhalten

Situation Die Katze hat Angst vor einem bestimmten Familienmitglied, vor einer anderen Katze oder in bestimmten Situationen. Das Tier signalisiert durch die Körpersprache seine Unsicherheit in den verschiedenen Situationen.

Ursachen Bei Katzen gibt es große individuelle Unterschiede bezüglich Sensibilität gegenüber Umweltreizen, Geselligkeit oder Freundlichkeit gegenüber anderen Tieren oder Menschen. Ihre Katze kann von Natur aus ein eher ängstlicher Typ sein oder sie wurde in ihrer Jugendzeit nicht ausreichend sozialisiert. Die Angst vor bestimmten Personen entsteht oftmals, wenn die Tiere von dieser Person für „Unfälle" außerhalb der Katzentoilette oder Kratzen an verbotenen Gegenständen be-

straft, gegen ihren Willen festgehalten werden oder zu grob mit ihnen gespielt wird. Der Angst vor Artgenossen gehen oft heftige Auseinandersetzungen untereinander voraus.

Lösungen Ziel ist die Verbesserung der Beziehung zwischen der Katze und der gefürchteten Person. Daher sollte sie die Katze von nun an füttern, ihr Leckerbissen geben und mit ihr spielen, um das Verhältnis zu verbessern. Eine gute Beziehung zur Katze lässt sich am bestem aufbauen, wenn sie über Zeitpunkt, Ort und Dauer der Sozialkontakte entscheiden kann. Ferner müssen die Rückzugsplätze der Katze strikt respektiert werden.

Bei Schwierigkeiten zwischen zwei Katzen sollte versucht werden, die beiden schrittweise wieder an ein friedliches Zusammenleben zu gewöhnen.

INFO

Angst macht Sinn

Vorsicht und Angst sind mitunter lebensnotwendig. In freier Natur warnt die Vorsicht, und die Angst verhindert oftmalig gefährliche Auseinandersetzungen mit Artgenossen. Während Tiere, die einander fürchten, sich im Revier aus dem Weg gehen können, ist dies in der Wohnung nicht möglich. Die unterlegene Katze wird ständig mit dem dominanten Tier konfrontiert und gerät dadurch in Dauerstress. Dies kann körperliche Erkrankungen, aber auch Verhaltensprobleme nach sich ziehen.

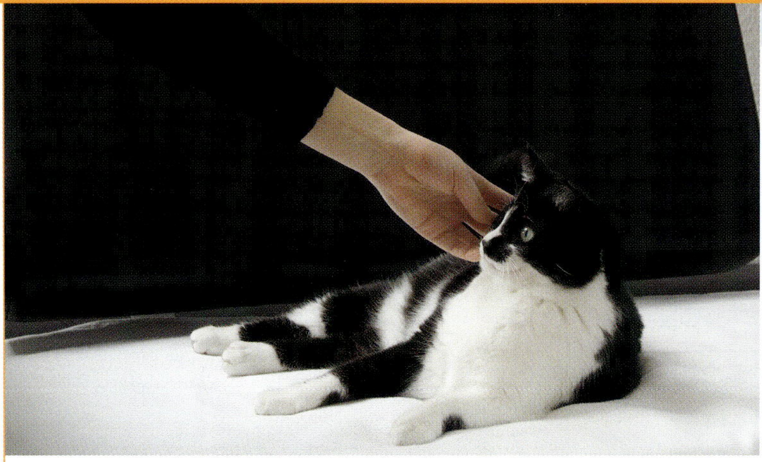

Katzen genießen die Zuwendung ihres Menschen, aber nur solange sie wollen.

Aggressivität

Situation Die Katze sieht sich in der Verteidigungsposition und reagiert aggressiv, wenn der Mensch sie unerwünscht hochhebt oder die Signale der Katze, das Spiel oder das Streicheln zu beenden, missachtet. Manchmal ist auch die Katze der Initiator und beginnt die Auseinandersetzung mit einem Artgenossen oder dem Menschen, ohne sich verteidigen zu müssen.

Ursachen Aggressive Verhaltensweisen haben oftmals unterschiedliche Gründe und sind eine Reaktion auf ein bestimmtes Verhalten eines anderen Lebewesens. Katzen verteidigen sich oder ihren Nachwuchs gegen Feinde, in Angstsituationen, zur Schmerzvermeidung, aber auch bei schmerzhaften Erkrankungen. Der Fall, dass die Katze die Auseinandersetzung mit Artgenossen oder Menschen sucht, ohne sich wehren zu müssen, ist eher selten.

Lösungen Das Bedürfnis nach Geselligkeit ist von Katze zu Katze verschieden. Das ist ein Grund, wieso Katzen aggressiv reagieren können, zum Beispiel wenn der Mensch sie gegen ihren Willen hochhebt oder sie weiterhin streichelt, obwohl die Katze genug hat. Durch einen Pfotenhieb – anfänglich noch ohne Krallen – oder einen zarten Biss wird die Katze dem Menschen zu verstehen geben, dass es reicht. Achten Sie auf die Körpersprache Ihrer Katze und tollerieren Sie Ihr Bedürfnis nach Ruhe. Dann braucht sie sich auch nicht zu wehren.

TIPP

Aggression
Als Aggression oder Aggressionsverhalten werden alle Elemente des Angriffs-, Verteidigungs- und Drohverhaltens bezeichnet. Aggression ist nicht gleichbedeutend mit Aggressivität. Das Ausmaß der Angriffsbereitschaft eines Tieres wird als Aggressivität bezeichnet, das durch Umweltbedingungen und Erfahrungen beeinflusst wird.

Attacken aus dem Hinterhalt

Situation Die Katze versteckt sich hinter einem Schrank oder unter dem Sofa. Angespannt beobachtet sie die Umgebung und lauert auf jede kleine Bewegung. Kommt ein Mensch vorbei, nutzt sie die Chance und schießt wie ein Pfeil aus ihrem Versteck hervor, um sich auf die Beine des Ahnungslosen zu stürzen. Ein lustiges Spiel für die Katze, weniger lustig für den Besitzer.

Ursachen Spielerische Attacken gegen den Menschen werden vorwiegend von jungen, aber auch erwachsenen Katzen initiiert.

Wenn der Besitzer dann während eines Angriffs erschrickt, schreit oder gar zur Ablenkung ein Spielzeug wirft, wird die Katze für ihr Verhalten belohnt. Und gerade diese Abwechslung suchen unterbeschäftigte Wohnungskatzen.

Lösungen Während eine Freilaufkatze etwa sechs Stunden täglich mit der Jagd verbringt, kann eine Wohnungskatze dieses elementare Bedürfnis nur durch Spiel ausleben. Es ist daher ausgesprochen wichtig, dass Katzenhalter jeden Tag mit ihrer Katze spielen, damit das Tier seinen Jagdtrieb ausleben kann.

Wenn die Katze genug vom Streicheln hat, muss sie dies oft durch Fauchen und Beißen zeigen, damit der Mensch sie versteht.

Besonders einzeln gehaltene Tiere, die tagsüber allein sind, oder Tiere, denen es an Möglichkeiten zu spielerischen und körperlichen Aktivitäten fehlt, zeigen spielerische Aggression.

TIPP

Aggressionen vermeiden
Achten Sie beim Streicheln auf die Körpersprache der Katze. Beginnt sie mit dem Schwanz zu peitschen und legt die Ohren an, ist es genug der Streicheleinheiten.

Wer die Nacht zum Tag macht, hat wohl einiges an Schlaf nachzuholen.

Nächtliche Aktivitäten

Situation Die Katze wird in der Nacht aktiv, geistert durch die Wohnung und sorgt dafür, dass der Mensch kein Auge zumacht. Angriffe auf die Zehen unter der Bettdecke sind ein beliebter, nächtlicher Zeitvertreib.

Ursachen Der Mensch versucht, die nächtlichen spielerischen Attacken auf seine Füße zu stoppen, indem er ihr Leckerli verfüttert. Die Katze lernt schnell, dass sie mittels dieser Attacken in den Genuss von zusätzlichen Leckerbissen kommt. Stellt der Katzenhalter das Füttern ein, werden sich die aggressiven Attacken anfänglich verstärken.

Lösungen Geben Sie der Katze tagsüber mehr Gelegenheit zum Spielen und ignorieren Sie die Angriffe der Katze, also keine Leckerli, kein Streicheln und auch kein Schimpfen! Lassen Sie sie nachts links liegen, auch wenn es schwer fällt.

Unsauberkeit

Situation Die Katze benutzt die Katzentoilette selten oder überhaupt nicht mehr. Oft wird neben die Katzentoilette oder auf den Rand gekotet oder uriniert.

Ursachen Oft meiden Katzen die Katzentoilette, wenn das Urinieren oder Koten aus medizinischen Gründen schmerzhaft oder unangenehm ist. Daher müssen körperliche Erkrankungen ausgeschlossen werden, bevor nach verhaltens- und umweltbedingten Ursachen gesucht wird. Psychischer Stress, verursacht durch einschneidende Veränderungen in der Umgebung und im Zusammenleben mit dem Menschen, sei es ein Umzug oder Umbau, menschlicher oder tierischer Familienzuwachs, eine Scheidung oder ein Todesfall in der Familie, aber auch veränderte Arbeitszeiten der Bezugsperson können für unerwünschte Missgeschicke in der Wohnung verantwortlich sein. Aber auch das Toilettenmodell, seine Größe, stark verschmutzte Toiletten, der Geruch von scharfen Putzmitteln, die Einstreu und ein schlecht gewählter Standort können dazu führen, dass die Katze die Katzentoilette nicht benutzt.

Lösungen Freilaufende Katzen setzen Urin und Kot nicht an derselben Stelle ab. Es wird ein Abstand von bis zu zwanzig Metern eingehalten. Das bedeutet, dass eine reine Wohnungskatze zwei Katzentoiletten benötigt, um ihren Bedürfnissen entsprechend gehalten zu werden. Für mehr als eine Katze gilt die Regel, dass für jedes weitere Tier eine weitere Toilette aufgestellt werden sollte.

Die Katzentoilette hat einen hohen sozialen Stellenwert: Katzen möchten ungestört sein, daher sollte die Toilette nicht an besonders „belebten" Plätzen oder Stellen mit „Durchgangsverkehr" aufgestellt werden. Ebenso sollten die Katzentoiletten nicht neben dem Futter-, Trink- oder Schlafplatz positioniert werden.

Markieren

Situation Unter Markieren oder Harnspritzen versteht man in der Regel das Anbringen von Harnmarken auf wenigen, meist vertikalen Objekten, auch auf persönlichen Gegenständen des Halters oder neuen Gegenständen. Sowohl potente als auch kastrierte Kater, aber auch Weibchen markieren. Das Harnspritzen wird vorwiegend mit erhobenem Schwanz und stark zitternder Schwanzspitze vollzogen, kastrierte Tiere hocken meist, wie beim Urinieren. Im Gegensatz zur Unsauberkeit wird die Katzentoilette weiterhin von den Tieren benutzt.

Nicht alle Plätze in der Wohnung eignen sich zum Aufstellen der Katzentoilette.

Das Knabbern an Pflanzen kann für die Katze gefährlich sein.

Ursachen Bei diesem Verhalten handelt es sich um eine natürliche Verhaltensweise. Gerade ängstliche oder unsichere Tiere beiderlei Geschlechts markieren, wenn sie Harnmarken einer anderen oder neuen Katze in der Nachbarschaft riechen oder Rangordnungsschwierigkeiten bestehen. Unkastrierte Kater beginnen oft beim Erreichen der Geschlechtsreife und während der Paarungszeit, ihr Revier zu markieren. Des Weiteren können Veränderungen und Probleme in der Mensch-Tier-Beziehung, aber auch die Katzentoilette Auslöser für das Markieren sein.

TIPP

Keine ammoniakhaltigen Putzmittel
Entfernen Sie Harnflecken auf Teppichen oder Polstermöbeln nie mit ammoniakhaltigen Putzmitteln! Aufgrund der chemischen Ähnlichkeit des Ammoniaks mit Urin würde das die Katze zu weiteren Harnmarkierungen veranlassen.

Lösungen Oft hilft eine Kastration, aber nicht immer; auch kastrierte Kater und Weibchen können Harn spritzen. Lesen Sie auch im Kapitel „Unsauberkeit" Seite 114/115 nach.

Stoffsaugen

Situation Das Fressen von Stoff oder das Saugen an Wollkleidung wird auch als „Pica" bezeichnet und zählt zu den Störungen im Fressverhalten. Bevorzugt werden bereits vom Halter getragene, verschwitzte Kleidungsstücke.

Ursachen Vorwiegend tritt diese Verhaltensweise bei Katzen, die ein übertriebenes Anlehnungsbedürfnis haben, auf. Bei Siam und Burmakatzen wurde dieses Verhalten häufiger beobachtet. Genetische Faktoren, eine zu frühe Trennung von der Mutter, umgekehrtes Jagd- und Beutefangverhalten aber auch durch Stress ausgelöste Stereotypien können dafür verantwortlich sein.

Lösungen Ein katzengerechtes Umfeld und spielerische Aktivitäten können Abhilfe schaffen. Sie können auch das bevorzugte Kleidungsstück mit einer unangenehm schmeckenden, aber ungiftigen Substanz, wie z.B. Pfeffer, präparieren. Oder Sie legen es einfach außer Reichweite.

Pflanzenknabbern

Situation Die Katze knabbert an Pflanzen. Das Fressen von Zimmerpflanzen kann für die Hauskatze jedoch absolut lebensbedrohend sein, da sehr viele Gewächse giftig sind.

Ursachen Bei wild lebenden Katzen wurde beobachtet, dass sie regelmäßig Gras fressen. Man nimmt an, dass das Gras das Hervorwürgen von Haarballen und anderen unverdaulichen Nahrungsbestandteilen erleichtert.

Lösungen Bieten Sie Ihrer Katze Katzen- oder Zyperngras an. Eine klare räumliche Trennung des für die Katze bestimmten Grases und der giftigen Zimmerpflanzen ist unbedingt erforderlich. Knabbert die Katze an dem für sie bestimmten Gras, sollten Sie das Tier ausgiebig loben. Erwischen Sie die Katze doch einmal an einer verbotenen Pflanze, so ist ein scharfes „Nein" angesagt. Ihre Reaktion muss in dem Moment erfolgen, in dem die Katze an den Pflanzen knabbert, damit sie einen Bezug zu ihrer Tat herstellen kann. Vergreift sie sich häufiger an der falschen Pflanze, hilft ein Wasserstrahl aus der Blumenspritze.

Krallenschärfen

Situation Die Katze wetzt ihre Krallen am Sofa, an Möbeln oder Schränken, aber auch an Teppichen.

Ursachen Das Kratzen ist für eine Katze ganz natürlich und erfüllt drei Aufgaben: Die alten, lockeren Außenschichten der Krallen werden abgezogen und legen die nachgewachsenen Krallen frei, das Revier wird durch Kratz- und Duftmarkierung gekennzeichnet und damit wird den anderen Katzen gezeigt, wer der Chef im Hause ist. Fehlen geeignete Kratzmöglichkeiten in der Wohnung, kann das Sofa zum bevorzugten Kratzobjekt werden.

Lösungen Geeignete Kratzmöglichkeiten, wie ein Kratzbaum oder ein Kratzbrett, werden dankbar von der Katze angenommen. Kratzt sie an ihnen, sollten Sie die Katze loben, schärft sie ihre Krallen am Sofa, wird sie mit einem lauten „Nein" gerügt.

Spiel, Spaß und Krallenpflege – alles in einem.

Service

Zum Weiterlesen

Bailey, Gwen:
Was denkt meine Katze.
Katzenverhalten auf einen Blick. Kosmos 2005.

Bessant, Claire:
Die Geheimnisse der Katzensprache. Kosmos 2004.

Grimm, Hannelore: **Kätzchen.** Halten & pflegen, verstehen & beschäftigen. Kosmos 2007.

Howey, M. Oldfield: **Die Katze in Magie, Mythologie und Religion.** Fourier Verlag 1991.

Lauer, Isabella: **Populäre Irrtümer über Katzen.**
Kosmos 2007.

Leyhausen, Paul: **Katzen. Eine Verhaltenskunde.**
Parey 1982.

Leyhausen, Paul:
Katzenseele: Wesen und Sozialverhalten.
Kosmos 2005.

Metz, Gabriele:
Katzenrassen.
Kosmos 2006.

Morris, Desmond:
Catwatching. Die Körpersprache der Katze.
Heyne Verlag 2000.

Oeser, Erhard: **Katze und Mensch.** Die Geschichte einer Beziehung. Wissenschaftliche Buchgesellschaft 2005.

Olbrich Erhard und Carola Otterstedt: **Menschen brauchen Tiere.**
Kosmos 2003.

Royal Canin: **Enzyklopädie der Katze.** Aniwa Publishing.

Seidl, Denise: **Wenn meine Katze Probleme macht.**
Katzenverhalten verstehen, Probleme lösen. Kosmos 2005.

Turner, Dennis C:
Turners Katzenbuch.
Wie Katzen sind, was Katzen wollen – Informationen für eine glückliche Beziehung.
Kosmos 2004.

Zeitschriften

Geliebte Katze
Gong-Verlag
Ismaning

Katzenmagazin
Roro-Press-Verlag
CH-Dietlikon

Our Cats
Minerva-Verlag
Mönchengladbach

Nützliche Adressen

1. Deutscher Edelkatzen-Züchterverband e.V. (DEKZV)
Berliner Str. 13
35614 Asslar
www.dekzv.de

Deutsche Edelkatze e.V.
Geisbergstr. 2
45139 Essen
www.deutsche-edelkatze.de

Österreichischer Verband für die Zucht und Haltung von Edelkatzen e.V. (ÖVEK)
Liechtensteiner Str. 126
A-1090 Wien
www.oevek.at

KNÖ – Klub der Katzenfreunde Österreichs
Castellezgasse 8/1
A-1020 Wien
www.kkoe.org

Federation Feline Helvetique (FFH)
Solothurner Str. 83
CH-4053 Basel
www.ffh.ch

Catsitter-Clubs

Verein Deutscher Katzenfreunde e.V.
Silberberg 11
22119 Hamburg

Musik für Katzenohren

www.petsandmusic.com

Register

Bildnachweis und Impressum

Bildnachweis

Die Farbfotos wurden von Peter Oppenländer extra für dieses Buch aufgenommen. Weitere Aufnahmen von Heike Erdmann/Kosmos (1; S. 56 o.), Gabriele Metz/Kosmos (9; S. 39, 40, 53, 71 beide, 76 l., 116, 117), Lanceau/Royal Canin (19; S. 4, 5, 12 beide, 13 beide, 35 alle 3, 50 beide, 62 beide, 63, 64, 65, 92-93 alle drei) und Ulrike Schanz (1; S. 58)

Impressum

Umschlaggestaltung von eStudio Calamar unter Verwendung von 2 Farbfotos von Peter Oppenländer.

Mit 142 Farbfotos.

Alle Angaben in diesem Buch erfolgen nach bestem Wissen und Gewissen. Sorgfalt bei der Umsetzung ist indes dennoch geboten. Der Verlag und die Autorin übernehmen keinerlei Haftung für Personen-, Sach- oder Vermögensschäden, die aus der Anwendung der vorgestellten Materialien und Methoden entstehen könnten.

Die Autorin und der Verlag bedanken sich bei Royal Canin für die großzügige Unterstützung bei der Bebilderung des Buches.

Gedruckt auf chlorfrei gebleichtem Papier

ISBN 978-3-440-10831-4
Redaktion: Alice Rieger
Gestaltungskonzept: eStudio Calamar
Produktion: Eva Schmidt
Printed in The Czech Republic/Imprimé en République Tchèque

Denise Seidl ist Expertin für Katzenverhalten und als stellvertretende Vorsitzende für die Belange des VdH Verband der HaustierPsychologen e.V. in Österreich zuständig. Als Dozentin für angewandte Ethologie ist sie bei Instituten und Verbänden gefragt. Des weiteren berät sie Tiernahrungsmittelhersteller bei allen Fragen rund um Haltung und Verhalten von Hund und Katze und gibt Tierhaltern bei unerwünschtem Verhalten und Verhaltensproblemen Hilfestellung. Wenn sie nicht im Fernsehen auftritt, Fachartikel für Zeitschriften schreibt oder Vorträge hält, verbringt sie ihre Freizeit am liebsten mit ihrem Partner, ihrem Hund und ihren zwei Katzen.
www.tierpsychologie.at

Danksagung
Herzlichen Dank an alle, die mich im Zusammenhang mit meinem zweiten Buch unterstützt haben. Meinem geliebten Partner Wolfgang für seinen Optimismus, seinen Beistand und seine Inspiration. Eine liebevolle Danksagung auch an meine Eltern. Es macht mich sehr traurig, dass mein Vater die Veröffentlichung dieses Buches nicht mehr erleben durfte. Mag. Katharina Kronsteiner und Dr. Silvia Leugner danke ich für die einleitenden Worte. Besonderen Dank an Bastiaan Rohrer, Communications Director der Royal Canin Group, für seine Unterstützung, die er meinen Büchern entgegenbringt. Meiner Lektorin, Frau Alice Rieger, sei an dieser Stelle ebenfalls für ihre hervorragende Arbeit und ihre endlose Geduld während der Entstehungsgeschichte dieses Buches Lob ausgesprochen. Ein schnurriges Dankeschön für Diva und Coco, stellvertretend für alle Katzen, die mir jeden Tag das Wesen dieser geheimnisvollen Tiere auf das Neue offenbaren. Ein dankbarer Pfotendruck gebührt auch Zeck, unserem treuem Schäfermischling, der viele Stunden geduldig neben dem Computer ausgeharrt hat, während ich über die von ihm nicht immer so geliebten Katzen mit den scharfen Krallen geschrieben habe.